大是文化

株鬼流

強勢K線獲利祕技

K線底底高，未來股價強；
K線底底低，別進場；
授業超過兩千五百人的最簡單入門，
五要點抓到進場訊號。

投資經驗超過 30 年、授業超過 2,500 人

The 株鬼 (小島晉也) ／著

林信帆／譯

資産を 100 倍にする「株鬼流」仕掛けの超基本

CONTENTS

推薦序一
用基本面選股，
靠技術面找買賣點

證券分析師／丁彥鈞

　　我是臺大會計系雙主修財金系，臺大財金所畢業。受到學術專業的薰陶，以前打死我都不相信技術分析。

　　我喜歡研究公司的基本面，在股價被低估時買進優質公司。很幸運的，股市在 2008 年之後，長期呈現多頭走勢，即使有回檔，幅度也不大，我靠著低價買進績優股的策略，耐心抱大波段，順利累積財富。

　　然而，股市沒有天天在過年，2022 年全球股市轉空，持續了半年之久，這是我在股市中第一次面臨這麼長期的空頭。此時，不管是好公司還是壞公司，股價全部下跌，無一倖免。依照基本面分析，當股價低於公司的價值時，應該要買進，無奈的是，一波還有一波低，越加碼股價越低，帳面虧損越來越大，所幸學院派的我

擅長基本分析，知道電子業庫存水位過高，因此持股避開電子股，投資組合的跌幅低於大盤。

對我而言，我很清楚空頭總有一天會結束，痛苦會過去，美好會留下，基本面好的公司，股價遲早上漲，只是時間的問題。但我的工作是分析師，帶會員賺錢是我的目標，在這半年的空頭日子裡，我不能讓會員的資產每天減少，我必須另闢蹊徑。

因此，我開始使用技術分析，帶會員進行區間操作。這段期間如果只信奉基本分析長期持有，股價卻會持續下跌。幸好我搭配技術分析進行區間操作，低買高賣，確實賺到小錢。

技術分析的內容，是用過去的成交價與成交量，預測未來股價的走勢。由於市場上存在資訊不對稱，有些消息只有大股東等特定人士知道，一般小散戶都是最晚知道。而技術分析就是藉由過去一段時間的交易紀錄，去猜測有消息的投資人是站在買方還是賣方，我們只要跟著站在同一個方向就可以了。

這本技術分析書籍，用精簡的方式，搭配清楚的線圖，簡單好學習，適合完全不懂技術分析的新手。

技術分析是跟著市場有資訊的人一起操作，但這些

大戶也非百戰百勝，還是會有失誤的時候，如果完全不研究，隨機買進股票，勝率就只有 50%。如果學會簡單的技術分析，勝率則可以提高到 70%。雖然**依照技術分析操作**，無法 100% 賺錢，但**可以提高勝率**，再搭配基本分析，勝率就可以提高到 90%。我比較建議的操作方式，是用基本面選股，靠技術面找買賣點。

希望大家看完這本書以後，都能增加自己的操作能力，祝各位投資順利。

推薦序二

了解高手的套路，
建立自己的策略

「淡藍羽翼邏輯交易」版主／Y.C. LIN

　　「你們知道在市場中培養出穩定獲利的操盤人，需要多久時間嗎？」這是在財經高手的文章中，經常會看見的問題。答案是 3 至 5 年，為什麼？因為成為一個穩定獲利的操盤人，不但要經歷至少一次牛熊迴圈，還必須擁有一套屬於自己的投資策略與穩健的投資心態。

　　其中，穩健的投資心態，可以藉由汲取市場中的經驗，及理解投資經典中的文字而習得，而投資策略則須不斷閱讀不同投資流派的心血結晶，了解投資高手們的策略設計邏輯，才能慢慢建立一套適合自己的投資策略，縱橫市場。

　　身為一個一路顛簸走來的市場交易者，我很珍惜每一本講述交易策略的書，在茫茫股海中，我們大都只能

獨自奮鬥，努力在市場中存活下來。當有投資高手願意分享他們打敗市場的祕密，對我來說，都是一次與高手對話的難得機會。

每一個成功的交易策略，都會經歷化簡為繁，再化繁為簡的過程，並在反覆實戰與調整後，最終才能得到去蕪存菁的幾段話，而策略中的每句話，都代表作者反覆思量後的結晶，看完這本書後，我更是有這種體悟。

本書對於動能交易者而言，是一本很棒的入門書，作者從前一本著作中，大幅增加了許多內容，讓初入市場、尋求動能交易的你我，都可以快速了解作者的交易邏輯。

書中用淺顯易懂的文字，搭配實戰圖表，是這一本策略書的精髓，不管是線圖的使用方式，或是五大必勝線圖型態，這樣的編排方式，除了讓讀者能快速學習該策略的基本知識外，還可以讓人更快了解各章節背後的操作邏輯與想法。

我也是一位動能交易者，在發展投資策略的過程中，我透過不斷的實戰來調整策略，我收穫最深的並不是交易技巧，而是風險控管。在市場中，不管先前賺了多少，若交易者不在意風險控管，最終都會在某一次意

外局勢中，跌入萬丈深淵。

　　「不管你擁有多少資產，破產的虧損率都是一樣的。」所以，在閱讀策略書時，我除了探索作者的設計邏輯外，同時也非常重視作者對於風險的看法。而本書不只教你交易，也詳盡告知風險，無論是停損停利點建立的邏輯，或是提點市場出現風險的「狼煙」，都顯示本書是初入股市必須閱讀的好書。

　　最後，想透過我的經驗告訴各位，想在股市中獲得報酬，除了有一套屬於自己的操作策略與中心思想外，也須注意風險、遏止貪念。只要你能穩健踏出每一步，即便步伐緩慢，最終一定能走到屬於你的美好終點。

　　「你在投資上所花的每一分鐘，都是有意義的。」

前言
強勢的 K 棒，
進場的訊號

這邊簡單介紹一下株鬼流。

我曾在證券商工作，從那時開始，我就持續在研究市場，而株鬼流正是我獨家建構出的投資技術。這是**我分析每日龐大的 K 線圖，透過計算數字所創造出的技術投資手法**，本書也會大量引用實際線圖案例來解說。

不知從何時開始，想學這套原創技術的人變多了，等我察覺時，學生已經超過 2,500 人。多數的學生已經實現資產翻百倍，其中甚至有人靠 30 萬日圓本金翻成 5 億日圓。

對我來說，強勢的 K 棒看起來很「漂亮」。強而有力就是漂亮，漂亮就是強而有力，找出這種美麗的 K 棒，就是株鬼流的核心。

只要學會株鬼流的技術，就算遇到危機也能旗開得勝，這點已經在歷史性的金融危機雷曼兄弟事件中得到

證明。即便遇到大跌行情，只要遵守株鬼流基本原則，照樣能保護好資產，不受暴跌行情影響，成功在市場中活下來。

株鬼流的基本原則就是強勢進攻。本書會依照這種強勢心態，解說投資思維到找出進場訊號的技術。

第 1 章會傳授株鬼流的股票投資基本思維，內容會善用株鬼流的線圖，介紹扎實的技術投資法；第 2 章針對股市線圖的分析解說；第 3 章詳細解說株鬼流的線圖檢查法；第 4 章會介紹股票線圖必勝模式；第 5 章詳細說明進場到出場的流程；第 6 章會告訴各位成為贏家應該做什麼；第 7 章則是輸家才會做的禁招。請大家務必學會株鬼流的技巧，將自己的資產翻百倍、千倍。

 小知識

雷曼兄弟事件：2008 年，美國第四大投資銀行雷曼兄弟由於投資失利，談判收購失敗後宣布申請破產保護，進而引發全球金融海嘯。

株鬼流基本用語

進場：看準機會做多或做空個股。

出場：清空部位。

多頭市場：漲勢強勁，上漲動能強。

空頭市場：大盤低於季線，又有往下走的趨勢。

看多：投資人看好未來大盤或某股票，認為股價有上漲的空間。

看空：投資人不看好未來大盤或某股票，認為股價會下跌。

高流動性：有豐富的買賣單。

陽線：收盤價高於開盤價的 K 棒。

陰線：收盤價低於開盤價的 K 棒。

光頭光腳陰線：無上下影線的大陰線。

底底高：一底比一底高，當天最低價高於前一交易日的最低價。

底底低：一底比一底低，當天最低價低於前一交易日的最低價。

盤中：開盤到收盤為止的交易時間。

Night：只能在當天晚上看盤的投資人。

夜盤：收盤後交易時段，也稱為盤後交易，給無法在盤中即時交易的人使用。

委買委賣量：買單和賣單的數量。可在證券商的網路下單頁面看見此表。

委買委賣價：買方想買，或是賣方想要賣出的價格（限價）。

買單高掛：買單比較多，賣單比較少，無法成交的狀態。

賣單高掛：賣單比較多，買單比較少，交易無法成立的狀態。

限價單：以特定價格交易。

預掛限價單：在想成交的價格事先掛好限價單。

市價單：不指定價格，直接下單。

開盤：當天的第一筆交易成立，形成開盤價。

開高：開盤價高於前一交易日收盤價。

開低：開盤價低於前一交易日收盤價。

拉回：上漲中的股價回跌。

成交量：買賣成交的數量（按：台股通常指張數；國外通常指股數。一張＝1,000股）。

成交額：股票買賣成交的金額。計算方式為股價乘以成交量。

信用交易：以現金或是股票為擔保，向證券商借錢（融資）或借股票（融券）投資。

賣空：從證券商那裡借券賣出，等股價下跌再回補，從中賺取利益。

融資餘額：融資做多時，尚未返還給證券商資金的餘額。

融券餘額：借券放空時，尚未返還給證券商股票的餘額。

融資餘額增加：投資人持續融資投資，代表對市場看多。

融券餘額增加：投資人持續借券投資，代表對市場看空。

可放空標的：可以做多，還能賣空的個股（在臺灣，某些股票只能做多）。

移動平均線：將一定期間的收盤價均值，連在一起

形成的線，簡稱均線。

關卡：股價到達某個價位後，卻一直無法突破的隱形牆壁（臺灣通常稱為壓力線或支撐線）。

TP：Target Price，目標價。

高檔區：一般指高價集聚區。

低檔區：一般指低價集聚區。

A 評等：原本指流通股數 10 億股以上未滿 20 億股的個股清單，但為了對應截至 2018 年日本的股票合併，株鬼流推出全新的獨家評等清單（刊載於卷末）。

超 A 評等：原本指流通股 20 億股以上的個股清單，但為了對應截至 2018 年日本的股票合併，株鬼流推出全新的獨家評等清單（刊載於卷末）。

盤整：股價在一段時間內位於相同的價格區間，無明顯的上漲或下跌趨勢。

類股漲幅第二大或第三大個股：某檔類股龍頭暴漲後，與該個股同類型的第二或第三大個股。

RT：相較於前一交易日的今日漲跌比例（60％ 以下較理想）。

VH：當日成交量與前一交易日成交量的比值（有 60％則為買氣持續）。

CHAPTER

1

投資像打仗，
K 線就是狼煙

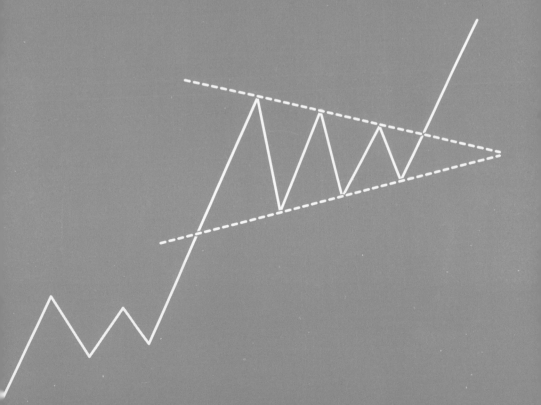

1

2,500 名學生的實踐成果

　　株鬼流是一種技術分析投資法，透過長年的數據分析，以及我自身投資經驗建構而成。

　　具體方法會在之後的章節說明，基本面分析是依據經濟情勢或企業業績變化做判斷，而此類技巧則是分析線圖上的股價變動。

技術分析優先於基本面

　　技術分析優先於基本面，這是株鬼流操作股票最大的前提，重視 K 線圖形和成交量，判斷是否為入場的好時機。

　　我的學生在遇見株鬼流之前，股票投資的獲利並不理想，後來因種種契機實踐了此技術分析後，確實獲得了成果。

過去在市場輸輸贏贏的他們，為何現在得以累積一大筆財富？這是因為他們**擺脫了坊間大多數投資人已經染上的壞習慣**。

　　有好幾種壞習慣會束縛投資人，讓他們難以成為贏家。接下來我會逐一點出，**排除這些壞習慣後，最終得到的就是株鬼流的技術分析投資法**。

　　我可以很有自信的說，沒有其他方法能將技術分析專精到這種地步。這不是自我陶醉，至今我教導了超過 2,500 名學生，即便是此刻，我的學生依舊在每天的交易中實踐株鬼流技術分析投資法，持續拿出成果。

 小知識

　　基本面分析：依據經濟情勢或企業業績變化來判斷。

　　技術分析：分析線圖上的股價變動。

2

果斷停損

　　株鬼流會用「進攻」一詞表示買賣股票，**是指抓住機會鎖定個股做多或做空**。為何要用這個詞？因為我認為**投資股票就像打仗**。一般投資人常欠缺這種意識。

　　任何人都一樣，既然把錢投入市場，便該抱著賭上性命的決心挑戰才對，總是無法取得成果的人，就是欠缺這種覺悟。當交易不順，馬上就變得消極，態度上已經輸了，勝率自然低，而株鬼流則是認真看待股票投資，並**將它當作一種進攻**。

　　進攻的一大前提是動機要明確且堅定。換言之，株鬼流**只在有一定勝算的局面才會果斷出手**，詳細技巧會在下一章開始說明。正因為能徹底實踐到這種地步，所以才能常勝。

　　當然，還是會有看錯的時候，但這就是市場。這種

時候我們會果斷停損。停損本來就應該當作是一種「榮譽的負傷」，早一點停損就不會賠大錢，進而失去下次進攻的本金。

　　簡單來說，株鬼流只要有勝算就會強勢進攻。就算運氣不好停損了，這點小損失在下次進攻便能輕鬆賺回來，這種想法很重要。

株鬼流金句

- 投資就像打仗，你得將它當作一種進攻。
- 若能早點停損，較不會賠大錢，進而失去下次進攻的本金。

💡 **小知識**

　　做多：投資人判斷行情會上漲，買入股票後持有，等待上漲後賣出，賺取價差。

　　停損：當價格跌到停損點時就賣出。

3

我在股價創新高時進場

　　接著，我來說明株鬼流的買賣基本原則。

　　我鎖定的**基本上是股價在眼下已經創新高的個股**，然後在更高的目標價位出場（清空部位），貫徹這種投資風格，就是株鬼流。

　　可能有不少人覺得這樣操作很怪，但有這種想法也不奇怪，因為一般人通常是因為股價便宜所以買進，和株鬼流的方法大不相同。

　　能在股市中持續獲利的散戶有限，前面也提過，這是因為大家缺乏強烈的取勝意識，而且，他們受到一般認為比較正面的股市投資思維影響。

　　比方說，股票術語中有一個詞叫「拉回買進」，大多數散戶容易**主觀認定股價便宜值得買進，而株鬼流禁用拉回買進這種消極的技巧**。

光是這樣說，有些人可能還無法理解，我拿具體案例說明。

　　假設原本 300 日圓（按：全書日圓兌新臺幣之匯率，皆以臺灣銀行在 2023 年 5 月公告之均價 0.22 元為準，約新臺幣 66 元）的股價，漲到 400 日圓後回跌到 350 日圓，應該很多人會覺得變便宜了吧？

　　所以大家會期待，覺得趁便宜買入，等股價再漲上去就能賣出賺一筆。但你不知道股價會不會立刻上漲，也可能再次下跌。即便如此，大家還是會主觀認定股價便宜值得買進。

　　在市場中，**這個拉回買進的技巧，其實是大輸特輸的要因。**

　　在之前市場情緒樂觀時，透過拉回買進獲利的人，可能被過去的成功經驗迷惑，所以會不斷想複製，但股價在下跌的過程中，通常無法區分那是一時的動向還是真正的轉跌，所以重複做同樣的事，容易讓人賠大錢。

　　面對不確定的未來，你卻毫無根據深信「還會繼續漲」，所以才會越賠越多，與其這樣，不如買小跌即止、馬上又開始竄升的個股更為確實。換句話說，我的做法和喜好拉回買進的投資人相反，**不挑已經變便宜的**

股票，而是選擇開始變貴的股票。

　　有些專家會告訴你股票要低買高賣，但這是錯的，因為**已經漲起來的股票更容易往上突破高點，勝率會高於買回跌等反漲的股票。**

　　正如前述，株鬼流不會用股價昂貴或便宜來判斷是否進攻。我自始至終都是**透過分析線圖的型態，來確認個股的走勢強弱**。漲起來的股票更容易突破高點，是因為該檔個股展現了強勁的走勢。

株鬼流金句

● **不挑已經變便宜的，選擇開始變貴的個股。**

4

該股是強還是弱？看線圖

　　永遠強勢面對市場，就是株鬼流的本質——**瞄準走勢強勁的個股就一定會獲勝**，堅定的抱著這種思維，反覆進行買賣。

　　前面也有提到，使用株鬼流的技巧，要具備強勢的心態，簡單來說，進攻創新高的個股就是精髓。

　　上午盤高點、前日高點、反彈高點、年內新高，或上市以來新高等，股市有很多高點，重點在於要挑走勢強勁的個股。但株鬼流也會選股價持續低迷的個股，而時機是發現徵兆、判斷今後有很大機率上漲，徵兆可從線圖或成交量的變化判斷。

　　儘早發現變化或強勁走勢很重要，一旦發現後看準時機進攻，就能拉大獲利。我再重申，株鬼流關注的是**個股的走勢強弱，而非股價昂貴或便宜**。

反觀大多數投資人在選股時，會刻意挑選走勢疲軟的個股。比如關注本益比（Price-to-Earning Ratio，縮寫為 PER）較低的股票，這項指標會比較企業的業績，如果股價越是被低估，本益比則越低，所以，多數投資人會覺得買到賺到。

　　但買方真的會因為便宜就蜂擁而至嗎？請再問自己一次看看，會想要買股票，是因為我們期待該檔個股會漲起來，然而「現在很便宜，但總有一天會漲。」這種想法未免太過天真。很有可能現在很便宜，以後也一直這麼便宜，可是大家卻覺得「相對便宜＝買到賺到」，這麼一來，會虧損也不無道理。

　　股價未反映業績，一直維持低價沒人理，背後肯定有問題，有不少投資人看破這點，所以才沒有進場。

　　我會以**線圖和成交量為主，判斷走勢是強勁還是疲軟**，這就是本書後面會說明的株鬼流核心技術。

　　能帶來收益，靠的是有扎實技術背書的強勢進攻。就算該個股再熱門，搞錯進場時機和正確的進攻價位，照樣會錯失收益，本書將傾囊相授這些細節。

株鬼流金句

● 關注個股走勢強弱，而不是股價便宜或者
　昂貴。

 小知識

　　上午盤：日本股市交易分成兩個時段：上
午盤是指早上 9 點到 11 點半；下午盤則是 12
點半至下午 3 點（按：若無放假，臺灣的股票
市場交易時間為週一至週五的早上 9 點至下午
1 點半）。

　　本益比：股價除以每股盈餘，通常作為評
估股票是便宜或昂貴的指標。

5

株鬼流只進攻
流動率高的股票

高流動性代表在市場上流通的股數較多，換言之，是大多數投資人會頻繁買賣的個股。

流動性高，代表自己想買立刻就有賣方回應；想賣立刻就找得到買方承接。

為何流動性這麼重要？因為如果很低，很可能會想買買不到，想賣賣不掉。但是大多數投資人會傾向選擇同類股中，感覺較便宜的第二大或第三大個股，而不是走勢最強勁的類股龍頭。

這可能是潛意識的習慣，大家會故意選擇流動性較低的非龍頭股。比如，看到某檔股票急漲，就會想去買同類股中第二或第三大、股價還沒漲上去的個股。大概是因為第一個漲上去的類股龍頭已經太貴買不下手，所以一些弱勢的買方才會推測，接下來市場的焦點會轉移

到第二、三大個股。

　　有些專家也會告訴你有這種可能，並同時推薦你買類股中第二或第三大的個股，但從流動性的角度來看，挑選非龍頭股是錯的，也是輸錢的一大原因。

　　「現在營建股最多人買！」投資人常會這樣綁在一起思考，但同類股中不見得所有的企業都業績好，選股應該以個別企業的角度去觀察。

　　實際上，類股龍頭止跌反漲，但第二或第三大持續下跌的案例也不少。如果大部分類股因龍頭上漲而跟漲，便可判斷上漲行情已經接近尾聲。

　　如果一個產業裡流動性較低的個股都受到青睞，你反而要注意，往往類股第二、第三大個股的流動性都很低，**當資金逐漸流入這種高風險的個股，代表市場已經熱過頭了。**

　　株鬼流不會追類股中第二或第三的個股，交易這種被市場主角股拉抬而跟漲的配角股，很明顯是在浪費時間和金錢，也是投資失敗的一大原因，所以**應該要瞄準流動性高的類股龍頭。**

小知識

流動性可用股票週轉率（share turnover）來計算。

股票週轉率＝（一段時間內）股票交易的數量÷股票發行總數，一段時間可以是一天、一週。

如果某一間公司的股票週轉率很高，它的股票就具有高流動性。股票週轉率可至Goodinfo! 台灣股市資訊網的類股一覽→熱門排行→交易狀況→平均成交量週轉率→選擇計算天數查詢。

6

等狼煙

　　所有的股價動向都有故事。株鬼流**不會只看眼前的股價動向，還會觀察「前段」，掌握脈絡再進攻**，這也是能持續追蹤類股龍頭的祕訣。

　　比方說，某檔股票的股價長時間維持在一個非常小的價格區間，大部分投資人可能會覺得股價一直沒有方向，這稱為「盤整」。

　　我直截了當告訴你，**盤整買不得**，雖然不能進攻正在盤整的個股，但眼睛也不能離開。

　　窄幅盤整（上下震盪）的狀態下，看起來似乎毫無動向，但這其實是買賣雙方一直維持在一個平衡，同時**正在緩慢累積能量**。當這種均衡被打破，能量可能會急速湧出，向上或向下噴出。

　　特別要注意上下震盪持續 2 到 3 年的大盤整區間，

因為**長期盤整後向上噴出時，往往會帶來一波大行情**。

　　早一步發現這種正在盤整，且似乎隨時會動起來的股票，也是株鬼流的強項，而此種徵兆一樣會出現在線圖上（後面提到的線圖型態「W」〔第 151 頁〕或「碟形」〔第 147 頁〕），例如高檔一直保持在相同水準，但低檔一底比一底高，上下的價格波動逐漸縮小的型態，代表今後股價很可能會向上噴。

　　此外，**長期沒動向的個股，某天因為大量買單而拉一根大陽線時，也代表今後股價很可能會大幅噴出**，株鬼流稱這種型態為「大盤整區間噴出定律」。

　　此外還有一種徵兆叫做「狼煙」，能提前告知後續的暴漲。這種型態是上影線很長，K 棒實體（開盤價到收盤價的部分）很短，長如狼煙的上影線是一大特徵，非常顯眼。

　　這邊先不說明為什麼會出現這種型態，株鬼流正因確實追蹤了前段的趨勢，才能看見大漲的初期徵兆。

　　在股市的世界中，永遠要用**行情式思考，看待價格變動**，這是鐵則。「為何這支股票會漲？」、「散戶應該不會在這個高價出手，到底是誰在買？」此種行情式思考，能幫助你注意到主力的動向。

不要只看近期的股價，要習慣在線圖上觀察至今的趨勢，這也是株鬼流的技術之一。

在線圖上看股價的變化，掌握買賣雙方在前段的動向，思考今後股價會如何發展，然後嘗試驗證現在的行情走勢。像這樣有意識連結個股股價的前段與後續行情，就能得到強勢面對市場的根據。

 小知識

盤整：股價長時間維持在一個非常小的價格區間裡。

7／

市場是由動能趨動的

　　出現行情整體動向不清楚或前景不透明的局面，或許是因為這句格言的緣故──休息也是一種策略，有些人會說：「此時最好先觀望。」

　　但株鬼流只要發現在下跌行情中走勢照樣強勁的個股，就會毫不猶豫進攻。即便森林（市場整體）起霧看不清楚，但只要找到一顆好的樹（個股），便朝著它走過去就好。

　　這邊舉個例子。大家應該知道，1929 年美國面臨經濟大蕭條，直到 1932 年這 3 年間，道瓊工業平均指數（Dow Jones Industrial Average，縮寫為 DJIA）下跌高達 89%。但在這段期間，每年還是有多達 20 家公司的股票呈現上漲狀態，即便在經濟大蕭條之中，照樣有上漲的個股。

市場情緒悲觀，照樣用強勢的態度面對市場，在線圖上找到強勁個股發動進攻，這樣就不會成為輸家。

這邊說的強勢是指這種心態：圖太爛（線圖的型態過糟）就別出手！只進攻走勢強勁的個股！

正因如此，我才能誇下海口：只要用株鬼流的技術進攻，就算在下跌行情中也不會輸。

株鬼流的技術中有一個很重要的東西，就是線圖上會有一定勝率的法則。這套法則除了過去流傳的內容外，還經過我重複驗證，確認是可重現的高勝率線圖型態。

第 4 章會詳細介紹，我盡全部的可能進行驗證、精選和刊載了真的能信賴的基本高勝率型態（法則）。不管是哪一個，重點在於高勝率型態出現的機率，而不是為何會這樣的邏輯。

不管再怎麼思考背後的邏輯，大都對現實的投資沒有幫助。例如，一般常說的目標價，會成為「相對於○○是貴還是便宜」的相對判斷基準，但這種思考方式，在許多情況下會是你搞砸的原因。因為市場是由動能驅動，所以必須留意股價的強弱，才能看清真正的目標價。

　　而且，相對性的思考方式只能用在過去的統計數據範圍內。比方說，2008 年以前會說：「日經指數與 25 日均線的負乖離率，過去最多來到 18%」，但 2008 年 9 月的雷曼風暴中，負乖離率輕鬆就擴大到 29%。

　　「沒辦法，這是百年一次的歷史性危機，算是特例中的特例。」要這樣說也可以，但就算遇到千年一次的危機，還是可以避免虧損，才是株鬼流的技術。

　　不要從走勢疲軟的個股中硬挑標的，這不是強勢，反而是一種懦弱。

株鬼流金句

- **即便看不清市場整體，但只要找到一檔好的個股就好。**

小知識

　　乖離率：當日股票收盤價或盤中市價與移動平均線的差距，以分析股價偏離某時期平均價的程度。可分為正乖離率與負乖離率，若股價在移動平均線之上，則稱正乖離率；股價在移動平均線之下，則是負乖離率。

　　移動平均線：將一定期間的收盤價均值，連在一起的線。

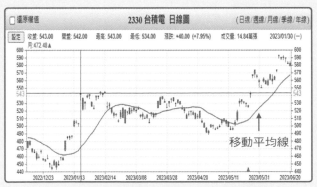

資料擷取時間：2023 年 6 月 21 日。
資料來源：Goodinfo! 台灣股市資訊網。

獲利的資訊，
都在線圖上

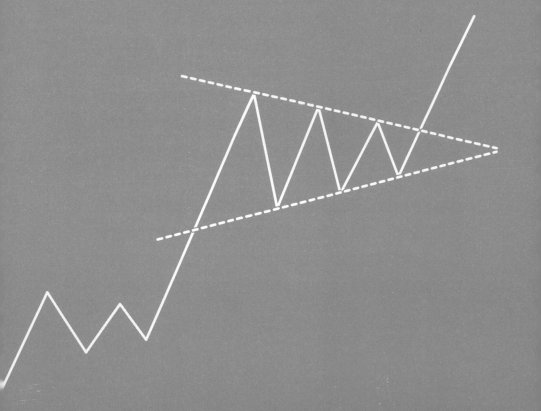

1

線圖就是呈現動能的變化

　　在本章開始解說株鬼流的技術之前，先來看一下線圖的基本觀察法。

　　線圖不只顯示股價變動，**還能看出市場動能的強弱**。株鬼流會仔細觀察這股市場的動能強弱，因為動能增加，股價自然會有強勁走勢，最終大幅推升股價。

　　不清楚技術分析的人看線圖，大概會覺得那只是呈現至今股價變化的圖表。但 K 線圖其實能詳細告訴我們股價是在哪種背景、哪種走勢下產生的，所以學會觀察線圖，就能輕鬆看出市場動能。接著，**只要進攻開始展現強勁走勢的個股，逮到一波上漲局勢，就會增加獲利機率**。

　　正如第 1 章所說，光靠基本面無法正確推估你看上的個股會在何時上漲。真要說的話，**要在股市交易成為**

贏家的所有必要資訊，全都寫在了線圖上。

股市行情有時會像 1980 年代末期的泡沫經濟，或 2000 年的網際網路泡沫（按：2000 年 3 月，以技術股為主的那斯達克綜合指數〔NDX〕攀升到 4,816.35 點，網路泡沫達到最高點）一樣，釋放出驚人的動能大幅暴漲。但也因為用光了龐大的動能，所以在泡沫崩壞後，持續了長達十年以上的下跌行情。當然，這時我們不應該買失去動能的個股。

正如前述，用「線圖是呈現動能變化」的觀點來看，就能預測動能準備釋放的瞬間，或動能不足將要下跌的未來，看清進場時機。

株鬼流金句

- 觀察線圖，就能看出市場動能，接著買進走勢強勁個股，便能增加獲利機率。

2

K線基本判讀法

　　線圖分許多種，而株鬼流只觀察 K 線圖。K 線圖的橫軸、縱軸分別顯示時間和價格，是用時間順序顯示股價變化的線圖，但它不是單純的折線圖。

　　一般的折線圖是連接點與點，所以用來呈現股價變化時，一天只會顯示一個點。但在股市中，**股價在一天當中會不停變化**，比如，股價剛開盤時上漲，盤中開始走跌，然後收盤前又回漲。

　　只用一個點顯示股價的話，完全無法傳達實際的變動過程，之所以會有 K 線圖，目的就是為了真實傳達市場變動。

　　接下來會詳細說明，K 線圖透過不同於單點呈現的特殊標記法，以「開、低、收、高」（開盤價、最高價、最低價、收盤價）呈現每天的股價水準，讓投資人

從中得知當天的股價變化。

株鬼流基礎中的基礎，就是仔細觀察 K 線描繪出的「開、低、收、高」四個價格。

K 棒正如其名，就像一根棒子，可藉由本體和影線顯示當天的價格變化。我們還會檢查顯示市場動能的**成交量**。成交量越高，可看做推動股價的動能越高。

接下來就用右頁圖表 2-1 來說明 K 棒。

開盤價是 195 日圓，最高價是 205 日圓，最低價是 190 日圓，收盤價是 200 日圓時，K 棒則會呈現右邊的形狀，而開盤價和收盤價形成的長方形部分是紅色，稱為陽線（以日線來看，收盤價高於開盤價，當天行情為上漲）。（按：本書圖表為了方便讀者閱讀，陽線以白色呈現。）

開盤價是 200 日圓，最高價是 205 日圓，最低價是 190 日圓，收盤價是 195 日圓時，K 棒會呈現左邊的形狀。形狀跟右邊一樣，但長方形的顏色是黑色，稱為陰線。陰線與陽線相反，代表當天的收盤價低於開盤價，所以當天的行情是下跌。

圖表 2-1　陽線與陰線

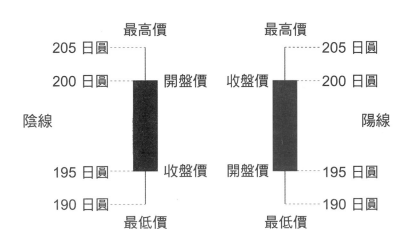

💡 小知識

開盤價：當天第一筆成立的交易價格。

最高價：當天最高的價格。

最低價：當天最低的價格。

收盤價：當天最後一筆成立的交易價格。

成交量：當天買賣成交的數量。

3

陰線、陽線，上下影線

　　在第 51 頁的圖表 2-1 中，各位可以看見不論是陽線或陰線，上下都各有一條線，在股市中，這兩條線稱為影線。所以，若想單純明確的判斷行情好壞，就用以下方式（見下頁圖表 2-2）。當然也會有只有 K 棒沒有影線的情況（最低價或最高價就是收盤價或開盤價）；或是出現 K 棒呈十字形的情況，這就表示盤中雖有漲跌，但收盤價格卻跟開盤一樣，這稱為十字線。

　　在高檔區出現十字線很可能會反跌，在低檔區出現則容易反彈，不過，如果該檔股票平常就不怎麼波動，那十字線就不會是一個顯著的訊號。

圖表 2-2　出現上、下影線時的股價變化

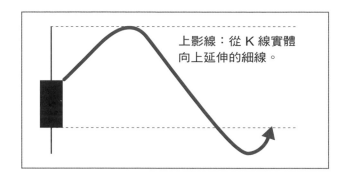

上影線：從 K 線實體
向上延伸的細線。

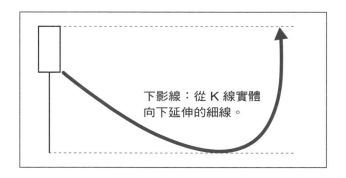

下影線：從 K 線實體
向下延伸的細線。

4

底底高，市場走勢增強

　　正如前面提到的，K 線圖能看出行情，所以觀察線圖的動靜很重要，其中需要特別注意的是下頁圖表 2-3 上方，這種最低價屢創新高的型態。

　　股價從最低價一點一點往上抬，代表買方正在逐漸累積能量，換言之，可以判斷市場走勢正逐漸增強。事實上，這支股票之後確實真的急漲。

　　然而也有完全相反的型態，看圖表 2-3 的下方圖。這次是最低價屢創新低，看得出買方被賣方壓著打，這支股票後來也下跌了。所以不論陽線或陰線，只要最低價屢創新高，就是理想狀態，**株鬼流稱最低價屢創新高的情況為「底底高」**，也是我的重點關注對象。

圖表 2-3　底底高和底底低的 K 線圖範例

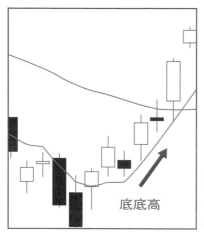

底底高：股價從最低價漸漸
往上抬，代表買方正在累積
能量，可判斷市場走勢逐漸
增強。

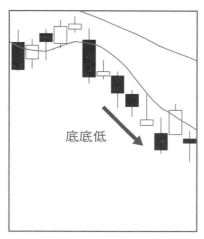

底底低：最低價屢創新低，
買方被賣方壓著打，可判斷
市場走勢逐漸減弱。

5

開盤價，
一天最重要的價格

　　日本東京證券交易所的交易時間是上午 9 點到 11 點半，以及下午 12 點半到 3 點。股價動向中，最重要的時機在開盤的前後。

　　開盤是指上午 9 點開盤時第一筆成立的交易，此時決定出的股價就是開盤價。當天的第一個價格極為重要，而當天最後成立的交易稱為收盤，這時成立的股價則稱作收盤價。

　　為何開盤很重要？在股市中，開盤到收盤為止的交易時間稱為盤中，簡單來說就是市場開放交易的時段。投資人大都會關注行情變化，但也有很多人本業很忙，白天無法看盤。無法即時看盤，只能在當天晚上確認的投資人，我們稱為 Night。

　　日本只要下午 3 點收盤後，除了零星的夜間交易

外，行情到隔天早上 9 點都不會變動。這段期間，投資人不論白天有無看盤都會思考、預測明天股價會如何變動。

這長達 18 個小時的間隔中，世界各地的投資人會考慮各種狀況，最後所有市場參與者會達成共識，決定股價的開盤價。

當開盤的第一筆交易股價，高於前一個交易日的收盤價，大家就會認為行情走勢強勁而增加買勢，俗稱「**開高**」（見右頁圖表 2-4，按：台股線圖下方成交量單位通常為「張」〔一張等於 1,000 股〕，日股單位通

日本股市的交易時間

9:00	上午盤	11:30	（午休）	12:30	下午盤	15:00
▲開盤交易（開盤價）		▲上午盤收盤交易		▲下午盤開盤交易		▲收盤交易（收盤價）
●┄盤中交易┄●				●┄盤中交易┄●		

註：東京證券交易所的情形。

圖表 2-4　開高例子，大成建設（1801）日線

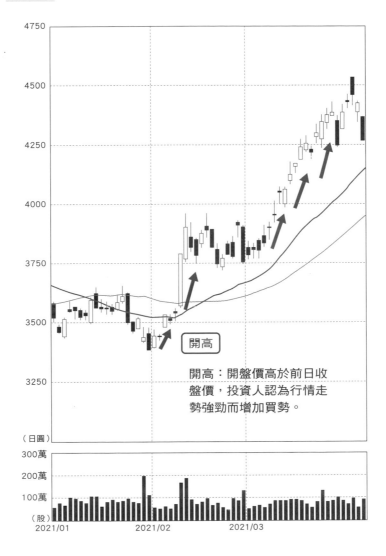

開高：開盤價高於前日收
盤價，投資人認為行情走
勢強勁而增加買勢。

常為「股」），這種狀況代表行情走勢強勁；反之，開盤價低於前一個交易日的收盤價，也就是「**開低**」時（見下頁圖表 2-5），則表示不應該出手。

時間允許的話，可在 8 點 50 分左右觀察開盤前的委買委賣價，推測自己關注的個股可能會以多少價格開盤。如果**看似開高就進場；看似開低就放掉不理**。

 小知識

現貨預約交易時間：下午 1 點 50 分至 T ＋1日的上午 8 點半。

台股盤後交易時間為下午 2 點至 2 點半，並以當天 1 點半的收盤價買賣股票。

臺灣的股票市場交易時間為週一至週五早上 9 點至下午 1 點半，也可在 8 點 50 分左右觀察開盤前的委買委賣價。

圖表 2-5　開低例子，大成建設（1801）日線

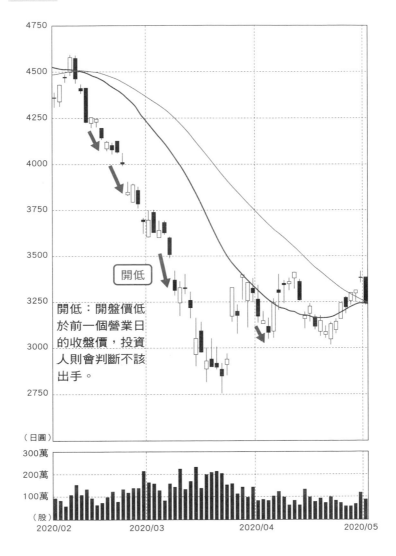

開低

開低：開盤價低
於前一個營業日
的收盤價，投資
人則會判斷不該
出手。

6

日線、週線、月線

　　至今為止，我都是用日 K 線圖來說明，但 K 線還有其他種類，可透過不同的類型得知**短期、中期和長期的股價走向**。

　　相較於日線，一根 K 棒代表一週「開、低、收、高」的線圖稱為**週線**，可依此確認中期的股價變動；此外，一根 K 棒代表一個月「開、低、收、高」的線圖則稱作月線，此線圖可掌握長期走向。

　　我們實際比較下頁至第 66 頁圖表 2-6 到 2-8 的不同之處。即便是同一檔股票，**比較日線、週線和月線三種線圖，能更準確分析現狀和預測今後動向。**

圖表 2-6　日線為盤整，豐田汽車（7203）日線

圖表 2-7　**週線呈現 N 形，豐田汽車（7203）週線**

圖表 2-8　月線上漲，豐田汽車（7203）月線

月線上漲

7

突破上檔關卡就進攻

　　只看日線常會掌握不到行情趨勢而難以判斷，為此我們要看月線和週線，藉此掌握中長期的變化。

　　掌握到行情的大方向後，就能清楚確認用日線沒有察覺到的市場關卡。

　　這裡說的**關卡，是指股價的走勢停止，創下高價或低價的意思。**許多投資人會意識到這點，所以不如說股價是因為各種盤算，而停止走勢會比較正確。

　　請先記住，到達關卡附近後，股價動向有很高的機率會有所變化，如果能輕鬆突破關卡，代表股價很可能會往該方向強勁延伸，換句話說，**關卡是推測今後股價的重要提示。**

　　另外，最小的關卡就是前一交易日的高點，當你關注的個股向上突破關卡時，就應該抓住機會進攻。

看準股價突破上檔關卡時發動進攻，這正是株鬼流的做法，我一直強調的「只做突破高點的個股」，就是這個意思。

高點有分前日高點、近一個月高點、年內新高或上市以來新高等，而且大多數的投資人都會注意到高點＝關卡。

每當股價到了一定的高點附近就漲不動時，那個價位就會成為一大關卡，無法輕易突破。因為某起事件而形成的關卡也具有很大的意義，例如 311 大地震後，建設公司創下的高點，這種稱為大型關卡，此類關卡通常可透過月線確認。

基本上就是用週線檢視趨勢，看月線掌握大型關卡，藉此判斷是否進攻。

舉具體案例，觀察**下頁圖表 2-9-1 東京電力 HD（9501）的週線圖**，2011 年 3 月 11 日，大地震後股價一路跌到 715 日圓才停住，但隔週的收盤價又跌破，直接被賣到體無完膚。

接著看第 70 頁圖表 2-9-2 東京電力 HD（9501）的月線圖，大地震的隔月收盤價是 292 日圓，5 月股價死守在這附近，但 6 月向下攢破之後，徹底呈現下挫趨

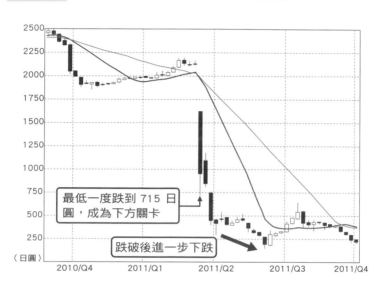

圖表 2-9-1　東京電力 HD（9501）週線

最低一度跌到 715 日圓，成為下方關卡

跌破後進一步下跌

勢，這表示 292 日圓這個價位不再被視為下方的關卡。

　　像這樣，**跌破或突破後，該關卡就會變得沒這麼重要**。特別不容錯過的是「株鬼流」列為超 A 評等（見第 225 頁的附錄，皆為日股）的個股突破大關卡的瞬間。出現這種型態時不要猶豫，立刻進攻，因為**一旦突破大關卡，股價就會大幅漲跌**，這邊說的關卡在英文中稱為突破點（break point），只要突破了就不會輕易

圖表 2-9-2　東京電力 HD（9501）的月線

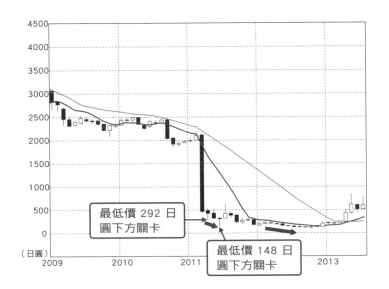

停下。

反之，下跌的股價沒在大關卡止跌時，就應該果斷拋掉，最好懂的案例就是 311 大地震後的東京電力 HD（9501）。跌破 715 日圓的大關卡後，股價就會止不住跌勢，2011 年 6 月跌到 148 日圓，2012 年的 7 月更是崩跌到了 120 日圓。

小知識

　關卡：股價走勢停止，股價反向回跌或起漲。

8

25 日均線，
最快看出市場走向

　　移動平均線是由美國投資專家葛蘭碧（Joseph E. Granville），運用 1960 年代的統計學移動平均法所開發出的工具，從發明後幾乎沒有進化，也沒有特別的新發現，可說是很經典的分析技巧。

　　這個指標是算出過去一定天數的股價平均值，然後將數值的變化製成曲線，可用來找出價格變動的傾向（趨勢）。

　　在日本股市中，一般常用的移動平均線有日線圖上的 25 日均線（每 25 天的股價平均值變化）和 75 日均線（每 75 天的股價平均值變化）；週線圖上的 13 週均線（每 13 週的股價平均值變化）和 26 週均線（每 26 週的股價平均值變化）；月線圖上的 9 個月均線（每 9 個月的股價平均值變化）和 24 個月均線（每 24 個月的

股價平均值變化），彼此搭配觀察是最普遍的用法。依
天數長短可分為短期均線、長期均線。

　　最常見的用法是，依據短期均線和長期均線與股價
的位置關係，和各自的方向來推測趨勢（按：在臺灣股
市中，日線圖中較常使用的短期均線有 5 日均線、10
日均線〔半月線〕、20 日均線〔月線〕；長期均線有
60 日均線〔季線〕、120 日均線〔半年線〕、240 日均
線〔年線〕）。

　　株鬼流在移動平均線上，會注意短期均線和長期均
線的方向，以及與股價的位置關係，**在多種移動平均線
中，我最重視 25 日均線**，理由是容易判斷趨勢是否持
續或改變。股價只要在 25 日均線上方，就能當作上漲
趨勢；反之，收盤價若連續 3 天低於 25 日均線，就應
該要意識到趨勢改變了。

　　除此之外，**還必須注意短期均線或長期均線的方
向**。假如短期均線和長期均線幾乎平行向下，股價也在
兩者下方時，就要留意之後的走勢。這種情況，股價肯
定會持續下跌，等到股價反彈**向上突破短期均線和長期
均線後，就是一個絕佳買點**。

　　另一種盤整的情況，其動向也會確實反映在移動平

均線上。簡單來說，就是股價幾乎在一定範圍內上下震盪，市場呈現膠著狀態。當然，移動平均線也會橫移，**這種盤整期間越久，只要往上或往下突破盤整區間，股價就會急速變化。**

在一般技術分析中，黃金交叉（Golden Cross，簡稱 GC）代表上漲趨勢出現；死亡交叉（Death Cross，簡稱 DC）代表將轉為下跌趨勢，這是線圖裡頭的重要訊號。

黃金交叉是指短期均線向上突破長期均線，死亡交叉則是短期均線向下跌破長期均線，這些訊號出現在線圖上，就代表趨勢改變。

然而，現實情況是在交叉出現前，趨勢就已經變了，等你看到交叉才進場則已經太遲。所以黃金交叉和死亡交叉出現在月線時才值得信賴，這時代表長期趨勢有很高的機率已經改變。

小知識

20 日均線計算方式（以台積電〔2330〕2023 年 4 月 14 日至 5 月 12 日收盤價為例）：

日期	4月14日	4月17日	4月18日	4月19日	4月20日	4月21日	4月24日	4月25日
收盤價	516	520	515	510	513	511	507	498

日期	4月26日	4月27日	4月28日	5月2日	5月3日	5月4日	5月5日
收盤價	491.5	493.5	502	501	496	498	500

日期	5月8日	5月9日	5月10日	5月11日	5月12日
收盤價	504	510	503	499	496

資料來源：Goodinfo! 台灣股市資訊網。

　　把 20 天的收盤價加起來除以 20：（516＋520＋515＋510＋513＋511＋507＋498＋491.5＋493.5＋502＋501＋496＋498＋500＋504＋510＋503＋499＋496）÷20=504.2，代表 2023 年 5 月 12 日的 20 日均線是 504.2。

何時出手？不憑感覺

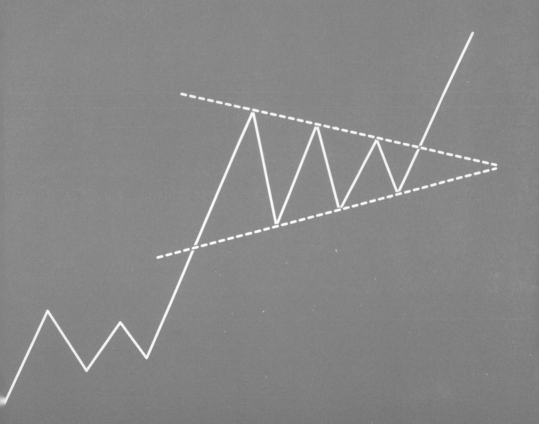

1

5 個選股條件，
中一個就出手

前面也提過，株鬼流會進攻高流動性（交易量大）的個股，具體會用以下五大條件挑選：

1. 流通股數 1 億股以上。
2. 成交額的 5 日平均在 10 億日圓以上。
3. 經常利益或營業利益在 100 億日圓以上。
4. 營收在 1,000 億日圓以上（零售業、批發業和貿易公司除外）。
5. 總市值 2,000 億日圓以上。

不需要全部滿足，只要符合其中一項就會成為株鬼流的標的。若缺乏流動性，投資人可能會遇到想買買不到、要賣賣不掉的窘境。

從現實層面來看，小型股要滿足這些條件很困難，所以株鬼流基本會剔除它們。對於流動性高，總是貨源豐富的個股，我以前做了以下評等：

- A 評等：流通股數 10 億股以上，未滿 20 億股。
- 超 A 評等：流通股數 20 億股以上。

但這已經不是我現在的思維，因為截至 2018 年，日本進行了合股，使得計算不像以往這麼單純了。因此，株鬼流全新製作獨家的「A 評等」和「超 A 評等」清單（日股），放在本書最後面，供大家參考。

經過分類後，日本約 3,500 檔上市股票中，符合 A 評等的只有少數幾間，能成為超 A 評等的就更少了。因此，超 A 評等的線圖上若出現「必勝型態」就是一大機會。相對來看，若個股缺乏流動性，能成交的股數也會有限，要大賺自然會很困難。

小知識

流通股：指一間公司在公開市場上所有流通的股數。

經常利益：該公司透過主要營業項目及其他事業，而能經常取得的利潤。

營業利益：營業收入扣除營業成本與營業費用，用以衡量公司本業所賺取的利潤。

市值：是指一間公司股票在市場上的總價值。總市值計算方式，則是公司股票發行總股數乘以股價。

合股：當股票價格較低時，為了提升公司形象，上市公司會將已發行股票按比例合併，即由多股合併為 1 股。

圖表3-1 台股市值 2,000 億日圓（約新臺幣 447 億元）以上的標的

排名	代號	名稱	市場	股價日期	股價（元）
1	2330	台積電	市	2023/05/15	495.5
2	2317	鴻海	市	2023/05/15	102
3	2454	聯發科	市	2023/05/15	680
4	2412	中華電	市	2023/05/15	125.5
5	6505	台塑化	市	2023/05/15	85.3
6	2308	台達電	市	2023/05/15	300.5
7	2881	富邦金	市	2023/05/15	59.4
8	2882	國泰金	市	2023/05/15	43.35
9	1303	南亞	市	2023/05/15	77.7
10	2303	聯電	市	2023/05/15	48.1
11	1301	台塑	市	2023/05/15	92.9
12	2886	兆豐金	市	2023/05/15	34.5
13	2002	中鋼	市	2023/05/15	29.15
14	2891	中信金	市	2023/05/15	23.35
15	3711	日月光投控	市	2023/05/15	103
16	1216	統一	市	2023/05/15	74.6
17	1326	台化	市	2023/05/15	67.8
18	2207	和泰車	市	2023/05/15	705
19	5880	合庫金	市	2023/05/15	27.3
20	2884	玉山金	市	2023/05/15	25.3
21	2382	廣達	市	2023/05/15	97.6

股本 （億）	發行量 （萬張）	市值 （億）	成立 年數	掛牌 年數	產業別
2,593	2,593	128,495	36.2	28.7	半導體業
1,386	1,386	14,140	49.2	31.9	其他電子業
160	160	10,878	26	21.8	半導體業
776	775.7	9,736	26.9	22.6	通信網路業
953	952.6	8,126	31.1	19.4	油電燃氣業
260	259.8	7,806	47.7	34.4	電子零組件業
1,400	1,240	7,363	21.4	21.4	金控業
1,620	1,467	6,359	21.4	21.4	金控業
793	793.1	6,162	64.7	55.5	塑膠工業
1,250	1,250	6,014	43	37.8	半導體業
637	636.6	5,914	68.5	58.8	塑膠工業
1,394	1,394	4,809	21.3	21.3	金控業
1,577	1,573	4,587	51.5	48.4	鋼鐵工業
2,008	1,958	4,573	21	21	金控業
437	436	4,491	5	5.04	半導體業
568	568.2	4,239	55.7	35.4	食品工業
586	586.1	3,974	58.2	38.4	塑膠工業
54.6	54.62	3,851	68.1	26.2	汽車工業
1,401	1,401	3,824	11.5	11.5	金控業
1,508	1,508	3,814	21.3	21.3	金控業
386	386.3	3,770	35	24.4	電腦及週邊設備業

（接下頁）

排名	代號	名稱	市場	股價日期	股價 （元）
22	3045	台灣大	市	2023/05/15	103.5
23	2892	第一金	市	2023/05/15	27.4
24	5871	中租-KY	市	2023/05/15	209
25	2603	長榮	市	2023/05/15	152.5
26	2395	研華	市	2023/05/15	386
27	2880	華南金	市	2023/05/15	21.95
28	2912	統一超	市	2023/05/15	287
29	2885	元大金	市	2023/05/15	22.8
30	3008	大立光	市	2023/05/15	2110
31	0050	元大台灣 50	市	2023/05/15	117.2
32	1101	台泥	市	2023/05/15	37.35
33	4904	遠傳	市	2023/05/15	77.6
34	3034	聯詠	市	2023/05/15	400.5
35	3037	欣興	市	2023/05/15	156
36	5876	上海商銀	市	2023/05/15	46.4
37	2357	華碩	市	2023/05/15	303.5
38	8069	元太	櫃	2023/05/15	191
39	2887	台新金	市	2023/05/15	18.15
40	2883	開發金	市	2023/05/15	12.8
41	2609	陽明	市	2023/05/15	61.2
42	2327	國巨	市	2023/05/15	488
43	2890	永豐金	市	2023/05/15	16.9
44	6488	環球晶	櫃	2023/05/15	465

股本 （億）	發行量 （萬張）	市值 （億）	成立 年數	掛牌 年數	產業別
352	351.9	3,642	26.2	22.7	通信網路業
1,322	1,322	3,623	20.4	20.4	金控業
173	158.3	3,308	13.4	11.4	其他業
212	211.6	3,228	54.6	35.7	航運業
77.8	77.58	2,995	41.7	23.4	電腦及週邊設備業
1,364	1,364	2,995	21.4	21.4	金控業
104	104	2,984	35.9	25.7	貿易百貨業
1,250	1,250	2,850	21.3	21.3	金控業
13.3	13.35	2,816	36.1	21.2	光電業
--	234	2,743	19.9	19.9	N/A
736	715.6	2,673	72.4	61.3	水泥工業
326	325.8	2,529	26.1	21.4	通信網路業
60.9	60.85	2,437	26	22.1	半導體業
152	152.4	2,377	33.3	24.4	電子零組件業
486	486.2	2,256	68.7	4.57	銀行業
74.3	74.28	2,254	33.1	26.5	電腦及週邊設備業
114	114	2,178	30.9	19.1	光電業
1,307	1,197	2,173	21.2	21.2	金控業
1,843	1,685	2,156	21.4	21.4	金控業
349	349.2	2,137	50.4	31.1	航運業
42.2	42.13	2,056	35.7	29.6	電子零組件業
1,214	1,214	2,052	21	21	金控業
43.5	43.52	2,024	11.6	7.64	半導體業

（接下頁）

排名	代號	名稱	市場	股價日期	股價 （元）
45	1590	亞德客-KY	市	2023/05/15	1010
46	0056	元大高股息	市	2023/05/15	28.42
47	00878	國泰永續高股息	市	2023/05/15	17.83
48	2408	南亞科	市	2023/05/15	63.9
49	2801	彰銀	市	2023/05/15	18
50	2379	瑞昱	市	2023/05/15	368
51	4938	和碩	市	2023/05/15	70.2
52	8046	南電	市	2023/05/15	281
53	2301	光寶科	市	2023/05/15	76.4
54	2633	台灣高鐵	市	2023/05/15	31.8
55	6669	緯穎	市	2023/05/15	1015
56	1605	華新	市	2023/05/15	45.9
57	1402	遠東新	市	2023/05/15	31.75
58	9910	豐泰	市	2023/05/15	192
59	2615	萬海	市	2023/05/15	60.2
60	2345	智邦	市	2023/05/15	287.5
61	1102	亞泥	市	2023/05/15	44.25
62	8454	富邦媒	市	2023/05/15	716
63	3443	創意	市	2023/05/15	1130
64	6409	旭隼	市	2023/05/15	1710
65	6415	矽力*-KY	市	2023/05/15	390.5
66	2618	長榮航	市	2023/05/15	27.8
67	5347	世界	櫃	2023/05/15	90

股本 （億）	發行量 （萬張）	市值 （億）	成立 年數	掛牌 年數	產業別
20	20	2,020	13.7	12.4	電機機械
--	706.8	2,009	15.4	15.4	N/A
--	1,112	1,982	2.8	2.82	N/A
310	309.7	1,979	28.2	22.7	半導體業
1,059	1,059	1,907	72.9	61.2	銀行業
51.3	51.29	1,887	35.6	24.6	半導體業
267	266.7	1,872	15.9	12.9	電腦及週邊設備業
64.6	64.62	1,816	25.5	17.1	電子零組件業
236	236.2	1,805	34.2	27.5	電腦及週邊設備業
563	562.8	1,790	25	6.55	航運業
17.5	17.48	1,775	11.2	4.14	電腦及週邊設備業
373	373.1	1,713	56.5	50.5	電器電纜
535	535.3	1,700	69.3	56.1	紡織纖維
88.2	88.17	1,693	51.8	31.2	其他業
281	280.6	1,689	58.2	27	航運業
56	56.02	1,610	35.3	27.5	通信網路業
355	354.6	1,569	66.2	60.9	水泥工業
21.8	21.85	1,564	18.6	8.41	貿易百貨業
13.4	13.4	1,514	25.3	16.5	半導體業
8.78	8.78	1,501	15	9.13	其他電子業
9.55	38.2	1,492	15.3	9.42	半導體業
536	536.3	1,491	34.1	23.6	航運業
164	163.9	1,475	28.4	25.1	半導體業

（接下頁）

排名	代號	名稱	市場	股價日期	股價（元）
68	3231	緯創	市	2023/05/15	48.5
69	3529	力旺	櫃	2023/05/15	1840
70	2409	友達	市	2023/05/15	17.05
71	1476	儒鴻	市	2023/05/15	476.5
72	2377	微星	市	2023/05/15	152
73	2888	新光金	市	2023/05/15	8.25
74	2474	可成	市	2023/05/15	187
75	2105	正新	市	2023/05/15	38.9
76	3481	群創	市	2023/05/15	13.1
77	6770	力積電	市	2023/05/15	29.6
78	2324	仁寶	市	2023/05/15	25.9
79	6446	藥華藥	櫃	2023/05/15	335
80	2610	華航	市	2023/05/15	18.9
81	2834	臺企銀	市	2023/05/15	13.9
82	2356	英業達	市	2023/05/15	30.95
83	9945	潤泰新	市	2023/05/15	34.5
84	2347	聯強	市	2023/05/15	63.6
85	5274	信驊	櫃	2023/05/15	2730
86	1504	東元	市	2023/05/15	47.15
87	3533	嘉澤	市	2023/05/15	894
88	4958	臻鼎-KY	市	2023/05/15	105
89	8464	億豐	市	2023/05/15	334
90	00772B	中信高評級公司債	櫃	2023/05/15	35.5

股本 （億）	發行量 （萬張）	市值 （億）	成立 年數	掛牌 年數	產業別
290	290	1,407	22	19.7	電腦及週邊設備業
7.62	7.62	1,402	22.7	12.3	半導體業
770	769.9	1,313	26.8	22.7	光電業
27.4	27.44	1,307	45.5	22.1	紡織纖維
84.5	84.49	1,284	36.8	24.5	電腦及週邊設備業
1,578	1,549	1,278	21.2	21.2	金控業
68	68.04	1,272	38.5	21.7	其他電子業
324	324.1	1,261	53.4	35.4	橡膠工業
956	955.6	1,252	20.3	16.6	光電業
407	406.7	1,204	15.1	1.44	半導體業
441	440.7	1,141	39	31.2	電腦及週邊設備業
33.9	33.95	1,137	23	6.82	生技醫療業
601	601.4	1,137	63.7	30.2	航運業
803	803	1,116	72.6	25.4	銀行業
359	358.8	1,110	47.9	26.5	電腦及週邊設備業
316	316	1,090	45.7	31	其他業
167	166.8	1,061	34.7	27.4	電子通路業
3.78	3.78	1,033	18.5	10	半導體業
214	213.9	1,008	66.9	49.5	電機機械
11.1	11.13	995	36.7	15.4	電子零組件業
94.7	94.7	994	16.9	11.4	電子零組件業
29.3	29.3	979	15.8	7.4	其他業
--	271.5	964	4.3	4.29	N／A

（接下頁）

排名	代號	名稱	市場	股價日期	股價（元）
91	3661	世芯-KY	市	2023/05/15	1350
92	9941	裕融	市	2023/05/15	188.5
93	2344	華邦電	市	2023/05/15	23.5
94	9904	寶成	市	2023/05/15	31.4
95	2353	宏碁	市	2023/05/15	29.6
96	1229	聯華	市	2023/05/15	60.9
97	2027	大成鋼	市	2023/05/15	44.05
98	2371	大同	市	2023/05/15	38
99	5483	中美晶	櫃	2023/05/15	148.5
100	4743	合一	櫃	2023/05/15	221
101	2376	技嘉	市	2023/05/15	135.5
102	3023	信邦	市	2023/05/15	352.5
103	3702	大聯大	市	2023/05/15	49.8
104	00724B	群益投資級金融債	櫃	2023/05/15	32.95
105	00761B	國泰 A 級公司債	櫃	2023/05/15	36.8
106	00679B	元大美債 20 年	櫃	2023/05/15	32.75
107	2049	上銀	市	2023/05/15	230.5
108	5269	祥碩	市	2023/05/15	1160
109	00751B	元大 AAA 至 A 公司債	櫃	2023/05/15	34.77
110	2360	致茂	市	2023/05/15	187.5
111	9921	巨大	市	2023/05/15	198
112	00773B	中信優先金融債	櫃	2023/05/15	35.41
113	3293	鈊象	櫃	2023/05/15	548

股本 （億）	發行量 （萬張）	市值 （億）	成立 年數	掛牌 年數	產業別
7.23	7.12	962	20.2	8.55	半導體業
59.8	49.84	939	33.1	23.4	其他業
398	398	935	35.6	27.6	半導體業
295	294.7	925	53.7	33.3	其他業
305	304.8	902	46.8	26.7	電腦及週邊設備業
148	148	901	67.8	46.8	食品工業
203	202.9	894	36.5	26.6	鋼鐵工業
234	234	889	73.1	61.3	電機機械
58.6	58.62	871	42.3	22.2	半導體業
39.2	39.18	866	15	11.6	生技醫療業
63.6	63.57	861	37	24.6	電腦及週邊設備業
23.9	23.91	843	33.4	22	電子零組件業
188	167.9	836	17.5	17.5	電子通路業
--	253.1	834	5.4	5.42	N／A
--	224.1	825	4.5	4.46	N／A
--	250	819	6.3	6.33	N／A
35.4	35.38	815	33.6	13.9	電機機械
6.94	6.94	805	19.1	10.4	半導體業
--	231.1	804	4.7	4.62	N／A
42.5	42.54	798	38.5	26.4	其他電子業
39.2	39.21	776	50.6	28.4	其他業
--	218.5	774	4.3	4.29	N／A
14.1	14.09	772	33.5	16.8	文化創意業

（接下頁）

排名	代號	名稱	市場	股價日期	股價（元）
114	2201	裕隆	市	2023/05/15	76.7
115	2385	群光	市	2023/05/15	99.2
116	2354	鴻準	市	2023/05/15	52.7
117	4966	譜瑞-KY	櫃	2023/05/15	915
118	2812	台中銀	市	2023/05/15	14.6
119	1795	美時	市	2023/05/15	275.5
120	8299	群聯	櫃	2023/05/15	362
121	6239	力成	市	2023/05/15	94.3
122	2542	興富發	市	2023/05/15	41.35
123	2352	佳世達	市	2023/05/15	35.85
124	00725B	國泰投資級公司債	櫃	2023/05/15	36.04
125	6550	北極星藥業-KY	市	2023/05/15	93.6
126	00746B	富邦 A 級公司債	櫃	2023/05/15	36.41
127	00720B	元大投資級公司債	櫃	2023/05/15	34.18
128	3017	奇鋐	市	2023/05/15	171
129	6789	采鈺	市	2023/05/15	204.5
130	6592	和潤企業	市	2023/05/15	125
131	3653	健策	市	2023/05/15	462
132	3105	穩懋	櫃	2023/05/15	144
133	6472	保瑞	櫃	2023/05/15	782
134	2915	潤泰全	市	2023/05/15	54.7
135	2337	旺宏	市	2023/05/15	32.45
136	1503	士電	市	2023/05/15	114

股本 （億）	發行量 （萬張）	市值 （億）	成立 年數	掛牌 年數	產業別
100	100	767	69.7	46.9	汽車工業
76	76.01	754	40.2	24.4	電子零組件業
141	141.4	745	33.1	26.6	其他電子業
8.12	8.12	743	17.5	11.7	半導體業
502	501.5	732	69.7	39	銀行業
26.3	26.26	723	56.9	13.3	生技醫療業
19.9	19.96	723	22.5	18.4	半導體業
75.9	75.91	716	26	20.1	半導體業
171	171.5	709	43.3	24	建材營造業
197	196.7	705	39.1	26.8	電腦及週邊設備業
--	194.1	699	5.3	5.27	N / A
74.3	74.09	694	17.3	0.94	生技醫療業
--	185.9	677	4.8	4.75	N / A
--	192.7	659	5.3	5.29	N / A
38.3	38.33	655	31.4	20.6	電腦及週邊設備業
31.6	31.58	646	19.5	0.88	半導體業
56.5	51.5	644	24	3.43	其他業
13.7	13.68	632	36.1	13.5	電子零組件業
42.4	42.39	610	23.6	11.4	半導體業
7.74	7.76	607	15.9	6.07	生技醫療業
110	110.4	604	47.3	45.8	貿易百貨業
186	185.6	602	33.4	28.2	半導體業
52.1	52.1	594	67.5	53.4	電機機械

（接下頁）

排名	代號	名稱	市場	股價日期	股價（元）
137	1722	台肥	市	2023/05/15	59.5
138	2838	聯邦銀	市	2023/05/15	16.1
139	3036	文曄	市	2023/05/15	64.9
140	2227	裕日車	市	2023/05/15	191.5
141	6121	新普	櫃	2023/05/15	309.5
142	3044	健鼎	市	2023/05/15	108.5
143	5904	寶雅	櫃	2023/05/15	551
144	3532	台勝科	市	2023/05/15	145
145	2449	京元電子	市	2023/05/15	45.7
146	1477	聚陽	市	2023/05/15	228.5
147	2383	台光電	市	2023/05/15	164
148	1802	台玻	市	2023/05/15	18.35
149	6781	AES-KY	市	2023/05/15	624
150	6176	瑞儀	市	2023/05/15	113.5
151	4919	新唐	市	2023/05/15	122.5
152	1907	永豐餘	市	2023/05/15	30.8
153	9914	美利達	市	2023/05/15	171
154	2634	漢翔	市	2023/05/15	53.7
155	2313	華通	市	2023/05/15	42.2
156	6208	富邦台 50	市	2023/05/15	67.8
157	002882A	國泰特	市	2023/05/15	59.9
158	1513	中興電	市	2023/05/15	104.5
159	9917	中保科	市	2023/05/15	109.5

股本 （億）	發行量 （萬張）	市值 （億）	成立 年數	掛牌 年數	產業別
98	98	583	77	25.1	化學工業
379	359.4	579	31.4	24.9	銀行業
102	88.65	575	29.4	22.6	電子通路業
30	30	574	19.6	18.4	汽車工業
18.5	18.5	572	31.1	21.5	電腦及週邊設備業
52.6	52.56	570	31.4	22.4	電子零組件業
10.2	10.22	563	26.2	20.7	貿易百貨業
38.8	38.78	562	27.5	15.4	半導體業
122	122.3	559	36	22	半導體業
24.2	24.19	553	33.3	20.3	紡織纖維
33.3	33.29	546	31.1	26.4	電子零組件業
291	290.8	534	58.7	49.8	玻璃陶瓷
8.54	8.54	533	3.3	2.15	電子零組件業
46.5	46.5	528	27.8	21	光電業
42	41.98	514	15.1	12.6	半導體業
166	166	511	73.2	46.2	造紙工業
29.9	29.9	511	50.6	30.6	其他業
94.2	94.19	506	26.9	8.72	航運業
119	119.2	503	49.7	32.8	電子零組件業
--	74.1	502	10.9	10.8	N/A
--	83.33	499		6.33	金控業
47.6	47.61	498	67	29.2	電機機械
45.1	45.12	494	45.5	29.4	其他業

（接下頁）

排名	代號	名稱	市場	股價日期	股價（元）
160	2206	三陽工業	市	2023/05/15	61.3
161	3189	景碩	市	2023/05/15	106.5
162	00881	國泰台灣 5G+	市	2023/05/15	14.74
163	6147	頎邦	櫃	2023/05/15	64.7
164	2368	金像電	市	2023/05/15	96.7
165	5522	遠雄	市	2023/05/15	60.6
166	00632R	元大台灣 50 反 1	市	2023/05/15	5.32
167	1210	大成	市	2023/05/15	52.8
168	5903	全家	櫃	2023/05/15	210
169	2637	慧洋-KY	市	2023/05/15	62.7
170	2498	宏達電	市	2023/05/15	56.6
171	1434	福懋	市	2023/05/15	27.55
172	2492	華新科	市	2023/05/15	95.2
173	2845	遠東銀	市	2023/05/15	11.2
174	00778B	凱基金融債 20+	櫃	2023/05/15	34.85
175	2606	裕民	市	2023/05/15	53
176	8478	東哥遊艇	市	2023/05/15	503
177	6531	愛普*	市	2023/05/15	276

股本 （億）	發行量 （萬張）	市值 （億）	成立 年數	掛牌 年數	產業別
79.7	79.75	489	61.7	26.8	汽車工業
45.4	45.42	484	22.7	18.5	半導體業
--	326.1	481	2.5	2.43	N/A
73.9	73.87	478	25.9	21.3	半導體業
49.2	49.18	476	41.7	25.2	電子零組件業
78.2	78.16	474	44.8	23.4	建材營造業
--	888.3	473	8.6	8.54	N/A
89.5	89.48	472	62.4	45	食品工業
22.3	22.32	469	34.7	21.2	貿易百貨業
74.6	74.64	468	14.6	12.5	航運業
82.9	82.5	467	26	21.1	通信網路業
168	168.5	464	50.1	37.4	紡織纖維
48.6	48.58	462	52.8	25.5	電子零組件業
407	407	456	31.3	24.5	銀行業
--	128.8	449	4.3	4.25	N/A
84.5	84.51	448	54.7	32.4	航運業
8.89	8.89	447	45.3	5.43	其他業
8.09	16.19	447	11.8	6.96	半導體業

＊表示該股票為彈性面額制。
資料擷取時間：2023 年 5 月 16 日。
資料來源：Goodinfo! 台灣股市資訊網。

2

上漲機率高的五種線圖

　　本節將會逐步解說株鬼流的線圖確認法。

　　首先是最重要的線圖型態分析。我花最多時間和心力，確認各檔股票的線圖是否有出現特定型態，具體做法是從大量上市個股中，找出有特定型態的個股線圖，**同時預測和確認股價變動。**

　　因為股票線圖上會出現特定型態，告訴你行情可能會上漲，當出現這些特定線圖後，股價有非常高的機率會照著法則走，因此記住這些特定線圖，**便能一眼找到致勝型態，早一步察覺到上漲行情。**只要比其他投資人早一步看出可望上漲的線圖型態，就能贏得巨大勝利。

　　線圖型態有兩種：上漲機率高和下跌機率高。想當然，我們也必須先記住下跌機率高的型態。如果能事先察覺下跌徵兆，就不會糊裡糊塗進場，也能盡快賣出

逃頂（按：預測股價即將止漲轉跌，果斷賣出持股）。

不過，**要先記住上漲機率高的線圖型態**才是關鍵。為此你必須比較大量線圖。

那麼，關鍵的致勝線圖有哪些？有以下五種基本型態，出現這些型態代表行情相當強勁，可說是**必勝型態**（細節將在第 4 章解說）：

- 必勝型態 ① BC30。
- 必勝型態 ② BC 吊橋。
- 必勝型態 ③ 2 日 T。
- 必勝型態 ④ 碟形。
- 必勝型態 ⑤ W。

株鬼流金句

- 先記住上漲機率高的線圖型態，再去記下跌機率高的。

3

株鬼流最重要型態 N

前一節提到了五大必勝型態，其中株鬼流特別重視必勝型態 ① BC30，也是最基本的型態。

我就從這裡開始說明，而其他必勝型態（包含 BC 的攻略）則在第 4 章詳細解說。

對株鬼流來說，**最重要的圖表型態是「N」**。N 是一切的基本，希望各位確實搞懂，但這不是什麼困難的概念。簡單來說，就是線圖看起來像英文 N 的型態，請看下頁圖表 3-2，接下來將具體說明 N 是什麼。

假設持續下跌或盤整（見第 37 頁說明）的 K 棒，其開始上漲的陽線起點為 A 點，但要注意，A 點要是陽線，不可以是陰線。然後，最低價低於前一天最低價（底底低），或最高價低於前一天最高價時，這時不管是陽線還陰線，只要是底底低 K 棒的前一天最高價皆

為 B 點。

　　從圖表 3-2 的 A 點開始上漲，在 B 點一度回檔，但跌勢在 C 點止住又再次上漲，這時線圖就會成 N 形。

　　回檔小跌後止跌反漲的 N 是很好的型態。出現這種型態時，只要突破 B 點，則有可能繼續上漲。

　　前面也提過，市場就是動能，意識到動能持續累積並釋放的感覺很重要。確認線圖時**先看週線和日線，再看月線分析趨勢，最後再找 N 形。**

圖表 3-2　　**N 型態，突破 B 點，股價可能持續上漲**

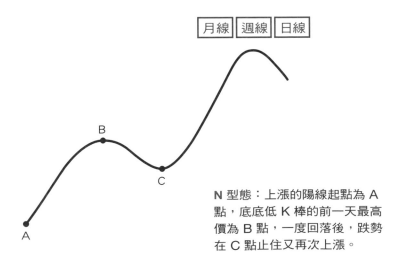

月線　週線　日線

N 型態：上漲的陽線起點為 A 點，底底低 K 棒的前一天最高價為 B 點，一度回落後，跌勢在 C 點止住又再次上漲。

4

回檔超過 30%，
股價難救

　　相信各位已經理解株鬼流的線圖中最重要的 N 形，接下來，我將說明第 107 頁的圖表 3-3。股價從 A 點開始上漲，在 B 點一度回檔，在 C 點又再次上漲，股價如此變化時，線圖描繪出的形狀就像英文字母 N。株鬼流認為這個 N 是非常棒的型態，如果只是回檔小跌，未來就有機會進一步上漲。

　　N 型態給人的感覺就是一路上漲的 K 棒先蹲下累積能量，再高高跳起。實際操作時，要找出這個跳躍的時機發動進攻。不論日線或週線都適用 N 型態。

　　怎麼找出 N 的跳躍時機？就靠 BC30。30 是指 30%，意思是 B 點到 C 點的回檔，與 A 點到 B 點的上漲幅度相比，要在 30% 以內。變成算式則為：

$$（B－C）÷（B－A）$$

　　得出來的數值要在 0.3 以內。重點在於小跌，30%
以內都算小，反之，若跌幅大於 30%，有可能因能量
不足而繼續下跌。

　　確認線圖時，先在圖表上找出 N 字的 ABC，再確
認 BC30 （B 到 C 的回檔在 30% 內），判斷是否為小
跌。不斷反覆操作，自然能掌握到進攻的時間點。

　　30% 以內只是一個理想情況，回檔能停留在 30%
的案例相當少，實際上在 35% 內都可以，若回檔超過
40% 以上時，基本上不會止跌反彈了。

 小知識

　　回檔：股票連續上漲後，因買盤力道漸弱
使股價下跌。

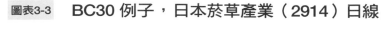

圖表3-3　**BC30 例子，日本菸草產業（2914）日線**

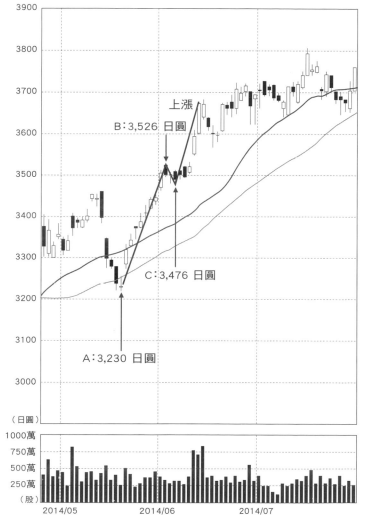

找出 N 和 BC30 是基本，每天在確認線圖時，請養成找出「跌不深、窄幅盤整、底底高」的個股習慣，下一節會說明如何發現。

株鬼流金句

- B 到 C 點的回檔在 30% 以內是理想，實際上 35% 內都可接受，超過 40% 則不會止跌反彈。

5

底底低，千萬別出手

日本股市交易時間為週一到週五，上午 9 點到上午 11 點半，及下午 12 點半到下午 3 點，所以要讓自己習慣每天確認線圖。

尋找五大必勝型態的同時，也要習慣判斷是否有「跌不深、窄幅盤整、底底高」這類絕佳的進攻機會。 剛開始可能會覺得麻煩，也掌握不到要點，但是每天持續下去，自然對必勝型態——跌不深、窄幅盤整、底底高的圖形有所反應。

各位讀者可能無法理解什麼是跌不深、窄幅盤整、底底高，這邊先簡單說明一下。

首先是跌不深，指回檔（上漲中的股票回跌）跌不深，代表還有動能可以再上漲。窄幅盤整，是指最高價和最低價的間隔很窄，價格在很小的範圍上下反覆波動

時，會逐漸累積能量，一旦釋放則有可能暴漲。

最後的底底高在第 2 章說明過，就是最低價穩健創新高（逐漸上漲），這類案例也會展現出強勁動能；相較之下，**不應該出手的就是開低和底底低**。

開低是指開盤價低於前一交易日的收盤價。彷彿起頭就受挫一樣，一開始就處於弱勢，所以投資人不應該出手；底底低則和底底高相反，亦即最低價又再往下跌。股價受到莫名力量不停下跌，所以這種狀況也不要進場。

每天多看一些線圖，尋找跌不深、窄幅盤整、底底高的徵兆，持續累積經驗吧。

株鬼流金句

- 股市開低，或者最低價又往下跌的，不要進場。

6

成交量不夠，馬上跌

　　在股票線圖上找出其中一種五大必勝型態的同時，也要檢查成交量是否大幅增加。

　　成交量代表買賣成立的數量，成交量大幅提升，是進場時的必要條件，代表交易活絡，股價有很高的機率進一步上漲。換言之，**成交量就是股價上升的原動力（動能）**。

　　因此，如果成交量沒有增加，就算股價上漲，也會立刻轉跌；反之，就算暫時小幅下跌，只要成交量有顯著增加，便能期待它反彈回升。

　　前面提過跌幅深達 40％ 時不要出手，但如果成交量劇烈膨脹時，後續非常有可能上漲。成交量就是如此重要。

　　成交量具體要多少才能算是大幅增加？接下來會針

對**必要成交量**解說。

首先，檢查近期（幾個月至幾年）的月成交量，找出最高的地方，只要檢查陽線的部分，陰線的成交量再高都不算。

先將此最高成交量除以概算每月交易日 20 天計算出一個數字，接著確認現在的日成交量，只要日成交量有計算出的數字的七成左右，就是進攻的好機會。

公式如下：

> 必要成交量＝過去月線的陽線最高成交量÷20×0.7

求出來的數字，最好是當天開盤前的**市價單股數的 10 至 20 倍**。

假設開盤時有 100 萬股的市價單，當天的總成交量至少要有 1,000 萬至 2,000 萬股才算合格；反過來推敲，**在開盤的時候，只要有必要成交量的 5% 至 10% 即可**。

不過假設你找到 BC30，也確認了成交量，也不能完全放心，因為個股有時會瞬間失去熱度而走跌。

　　成交量是一種動能，可說是該檔股票的熱門程度。
人氣高，股價會上漲，反之則下跌。所以你必須看清這
股人氣是真材實料，還是暫時性的。

　　有一個方法能分辨熱度，那就是 VH 指標，用當天
成交量來判斷熱度是否持續。

　　在 VH 指標中，當天成交量與前一交易日成交量比
值在 60％ 以上時，可判斷熱度會持續下去；反之低於
60％ 時，後續走勢可能會轉弱，建議儘早採取對策。

株鬼流金句

● **成交量就是股價上升的原動力。**

圖表3-4　**成交量例子，昭和電工（4004）日線**

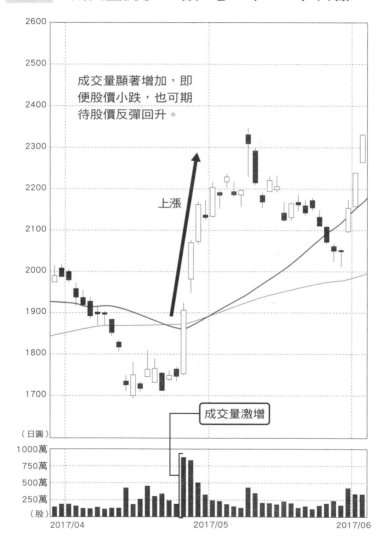

成交量顯著增加，即便股價小跌，也可期待股價反彈回升。

上漲

成交量激增

7

融資餘額要隨股價上漲

　　株鬼流每日除了確認線圖，還會觀察使用信用交易融資融券的投資人動向，因為他們的行為（融券餘額或融資餘額），會對後續發展造成不小的影響。

　　最好的情況是，**股價上漲的同時，融資餘額也跟著增加**，這就是熱門股的象徵；相對的，股價下跌的同時，融資餘額卻跟著增加，此時絕對不能進場。投資人群聚卻漲勢微弱，股價理當會再下跌。

　　此外，信用交易的成交狀況不高不低，或融券餘額大於融資餘額時，最好放掉比較好。大家都以為放空的投資人早晚會回補平倉，但這是一大誤解。因為難度較高，這邊不細講，簡單來說，融券餘額會增加，很可能是投資人採用一種叫「空頭避險」（按：為了規避股價下跌的風險，而在市場建立空頭部位）的手法，而大多

數人便會認為投資人一定會回補，但這個想法很危險。

不論如何，多數投資人搶著買進，才是強勢的市場，這種情況融資餘額自然會增加才對。

這裡很重要，所以我要再三強調，最理想的狀態是，**融資餘額要隨著股價上漲而增加**，而不是隨著股價下跌而增加。後者的情況有可能是弱勢投資人攤平所造成的。

攤平是指因股價跌破自己的進場價，所以又追加一筆資金壓低平均進場價，不停往下攤平會讓資金一同枯竭，是一種自殺行為。

遇到這種行情，不要跟進去。但融資餘額自高點減少 30% 時，即可判斷攤平買進的人已經減少。

每天確認線圖的同時，記得一併檢查信用交易的成交狀況，以看清未來需求。

 小知識

　　平倉：將原先買入的股票賣出，或是將原先賣出的買回，以離開市場。

8

永遠問自己：
我的進場動機是？

本節來講進場動機和進場點。

進場動機，意指決定進場買該檔股票的動機。例如，你在線圖上發現 BC30 等五大必勝型態，或今後可能會上漲的徵兆，所以才決定買進。進場動機如果過程模糊或隨便就會賠錢，所以**必須搞懂為什麼要進場**。

進場點則是指進場的具體時間點。例如最基本的 BC30 線圖中，是日線出現 C 點後回漲，並漲過 B 點時，便是進場點。

以五大必勝型態為例說明，BC 吊橋的進場點同樣是漲過 B 點時；2 日 T、碟形或 W 則是在日線突破前一交易日最高價時進場（見第 4 章）。進場點會依線圖型態而異，最基本就是先用進場動機辨別出要買進的個股，然後不要錯過進場點。

話雖如此，要在股海中找出近期有上漲徵兆的股票，也就是找出進場動機相當辛苦，所以每天確認線圖時，我希望大家重視一種感覺——「OAHK 法則」，再加上「I」。

O：詭異（日文發音為 okashi）。
A：可疑（日文發音為 ayashi）。
H：反常（日文發音為 hen）。
K：怪怪的（日文發音為 kusai）。
I：有大量買單（日文發音為 iru）。

後面會詳細介紹。希望大家在查看市場時，能敏銳感受到「為什麼這裡會突破」，或「為何有這麼多成交量」等異於平常的變化，這些變動會是投資客做多或做空的機會。

若觀察日線感覺到 OAHK 法則後，要仔細檢查該檔股票的月線或週線。若在第一時間看見強勁動向，就在日線尋找進場點買進。每天維持這個習慣，培養進場的敏銳度。

株鬼流金句

- 進場前先問自己為什麼，再檢視 OAHK 法
  則，培養敏銳度。

9

設定目標價，幫助你出場

　　可以抓住機會進攻最好，不過在最佳時間點落袋為安也很重要，為此，你必須預先計畫能賺多少漲幅（從進場價能漲多少），這時可用前面提過的目標價，作為參考基準。

　　一般來說，多數人會依基本面分析計算目標價，但株鬼流自始至終都是「就線論線」，計算目標價也一樣，我會用技術分析的角度，觀察過去的法則來計算。

　　目標價的目的是從中期的角度，預先設定你關注的個股會漲到哪裡。進場或出場基本上會依日線評估，而**目標價則會用週線計算**。計算目標價時，要先在週線上找出過去回檔的地方，因為在上漲途中回檔，大都會是N形或W形。

　　例如下頁圖表 3-5，股價從 A 點開始上漲，在 B 點

短暫回跌，接著又從 C 點止跌反漲形成 N 形時，假設後續漲幅會等同於 A 到 B 的漲幅，因此計算出 A 到 B 的漲幅後，在股價突破 B 之前的開盤價（A$_2$），再加上 A 到 B 的漲幅就會是目標價。W 形時也一樣，可以期待後續有等同於 A 到 B 的漲幅。

N 形的目標價＝（B－A）＋A$_2$

圖表 3-5　目標價的計算方法

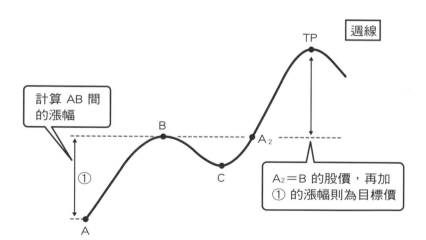

但目標價只是最低條件，不是觸及就要馬上出場。**若突破目標價後漲勢依舊，就要繼續持有，直到線圖轉為底底低**；如果還沒碰到目標價就出現底底低，你得馬上出場。

目標價是預測後續股價的參考值。進場後不是只看 K 線變動就好，還要透過目標價研判走勢，如「已經漲到目標價，接下來漲不太動了」，或「已經接近目標價，現在進場已經太慢」等。

這是所有技巧的共同點，例如在 BC30 中，當確定好線圖的 B 點後，你可以先規畫等股價在某個價位止跌就進場，當機會來臨便能早一步出手。

株鬼流金句

● 觸及目標價不一定要馬上出場，若漲勢依舊，則可繼續持有。

五大必勝線圖

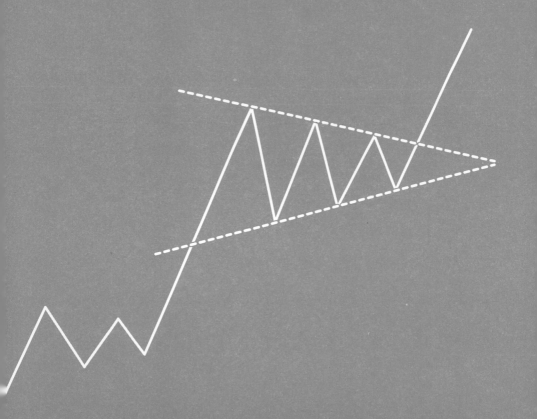

1

最佳進場時機看這裡

　　我無法百分之百預測股價走勢，但股價動向有其法則，技術分析關注的就是這一點。

　　我長年分析過去的龐大數據，找出許多「行情這樣走，後續會發展成這樣的機率很高」的線圖型態，其中株鬼流最重視的有五種。五大線圖型態只要出現其中一種，股價上漲的機率就非常高，是一個能告訴你最佳進場時機的訊號。

　　第 3 章也提過，線圖有分顯示上漲機率高，和顯示下跌機率高兩種，株鬼流重視的五大型態則為前者。五大必勝型態見下頁圖 4-1。後面會個別講解這五大型態的股價出現某種走勢後，未來會如何發展。

圖表 4-1　五大必勝型態

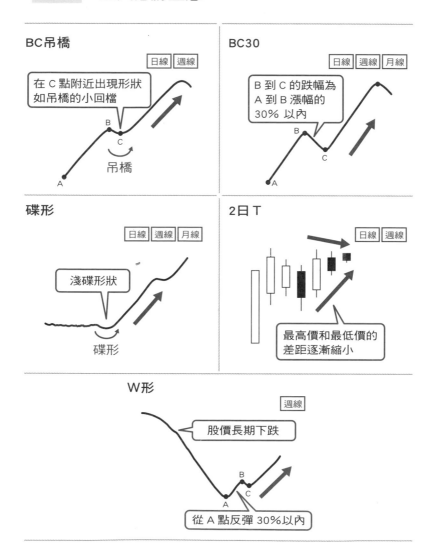

2

必勝線圖 BC30

　　第 3 章已經說明過 BC30，就是股價呈現 N 形移動。在此圖形中，上漲中的股價暫時回檔後，再次突破上漲。

　　正如第 128 頁圖表 4-1 所述，BC30 會先從 A 點起漲，在 B 點創高後回跌，到了 C 點反彈，輕鬆突破 B 點的最高價後繼續上漲，這是 BC30 在 K 線上的特徵，**也是株鬼流最基本的型態，各位要訓練自己能在線圖上輕鬆找到它。**

BC30 攻略法

　　正如前述，找到此線圖型態時，進場時機點會在 C 點反彈向上突破 B 點後，如第 128 頁圖表 4-1。

　　能即時看盤的人，可觀察開盤到收盤前的交易時

間，在股價突破 B 點的價格時立刻買進。無法即時看盤的人，可掛在隔天開盤價突破 B 點的地方即可。

接著用前述的目標價規畫出場時機，同時依狀況盡可能追求最大利益。到達目標價後不要馬上出清，只要漲勢還在就繼續持有，在日線轉為底底低之前，不需要急著獲利了結；但當走勢變弱轉跌時，就要視為 BC30 型態未成立並清空出場。

我們實際來看 BC30 的過往案例吧。

右頁圖表 4-2，是任天堂（7974）的日線，2016 年 7 月 6 日最低價到 13,835 日圓，跌破開盤價 14,005 日圓，這裡就是 A 點，因為此處是陽線的起點。然後在隔週 7 月 12 日的日線中，創下 23,045 日圓的最高價（B 點），隔天回落到 21,010 日圓，但之後又突破前高暴漲。

接著看第 132 頁圖表 4-3，**商船三井（9104）的日線**。這檔股票在 2012 年 12 月 12 日創下 2,010 日圓的最低價後，2,020 日圓成為了 A 點，後續上漲成 N 形，其實這是有點變形的 N。

同年 12 月 19 日創下 2,300 日圓的高點，當天收了一根陰線，之後卻逐漸底底高，最終暴漲，換句話說，

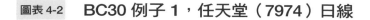

圖表 4-2　**BC30 例子 1，任天堂（7974）日線**

圖表 4-3　　BC30 例子 2，商船三井（9104）日線

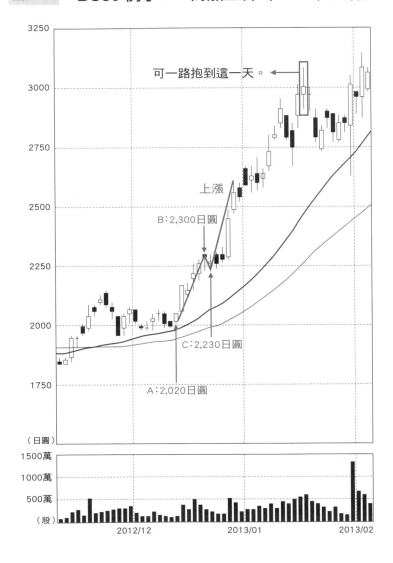

B 點以後它沒有底底低，C 點是 B 點當天的最低價。在股價向上突破 B 點時進場就能吃到一段獲利，一路抱到隔年 1 月 16 日轉為底底低為止。

最後再介紹一個非常明顯的 BC30，輕鬆就能看出來。第 134 頁圖表 4-4 的雙日（2768）以 2015 年 4 月 14 日的開盤價 204 日圓為起點（A 點）。同年 4 月 27 日創下 239 日圓的最高價為 B 點，4 月 30 日被賣到 228 日圓（C 點），從這裡開始轉為底底高並暴漲，雙日在 5 月也再次出現 BC30。

💡 **小知識**

　　BC30 判斷重點：B 到 C 的跌幅，為 A 到 B 漲幅的 30% 以內。

圖表4-4　BC30 例子 3，雙日（2768）日線

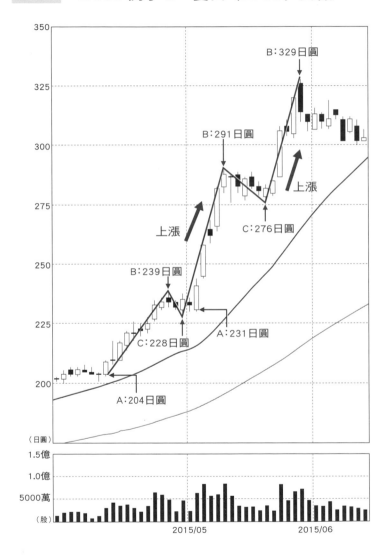

3

BC 吊橋，
量能即將大爆發

　　接著說明 N 型態變形版──BC 吊橋。股價從 A 點開始上漲到 B 點創新高的動向很像 BC30，不同的地方在於 B 點到 C 點變化。

　　通常 N 形會直接回跌，或是連續出現陰線走弱；BC 吊橋則是 B 點到 C 點呈現如吊橋般緩慢的弧形，而且和 BC30 一樣，只要向上突破 B 點就有很高的機率大漲。

　　C 點處只要有 3 根 K 棒就是吊橋型態，而 BC 吊橋的 **B 和 C 的幅度不需要在 30% 內**，只要 K 棒看起來像吊橋就好，不用嚴格計算數值。基本上會利用週線和日線尋找 BC30、BC 吊橋和後面會說明的 2 日 T，只要關注這 3 個型態就不會成為輸家。

進場時機在價格突破 B 點後

和 BC30 型態相同，**BC 吊橋的進場時機是在價格突破 B 點後**，如果股價如預期上漲就繼續持有，**當走勢轉弱出現底底低時則爽快脫手**。如果沒突破 B 點的價格就下跌，那就不是你該買進的個股。此外，目標價只是一個參考，如果持續上漲就應該抱著讓獲利奔跑。

本書挑選 3 檔曾出現過 BC 吊橋的個股。第 1 檔是第 137 頁圖表 4-5，理索納控股（8308）的週線。該檔股票在 2005 年 8 月 8 日後連兩週出大陽線後，出現經典的吊橋型態。後面連收了 4 週的陰線，剛開始是底底低，之後又轉為底底高，最終垂直上漲。

第 2 檔是第 138 頁圖表 4-6，2015 年 5 月 7 日到 5 月 21 日的東京電力 HD（9501）日線圖，同樣也能找到 BC 吊橋的型態，該檔股票從 5 月 1 日 479 日圓的最低價反彈，5 月 13 日創下 528 日圓的高點（B 點）。股價描繪出吊橋形狀後，出了 2 根大陽線後連續暴漲至 2015 年 6 月 2 日，在盤整區間累積的能量一口氣噴了出來。

第 3 檔是第 139 頁圖表 4-7，第一三共（4568）的日線也是這個型態，吊橋出現在 2018 年 6 月 8 日到 6

圖表 4-5 **BC 吊橋例子 1，理索納控股（8308）週線**

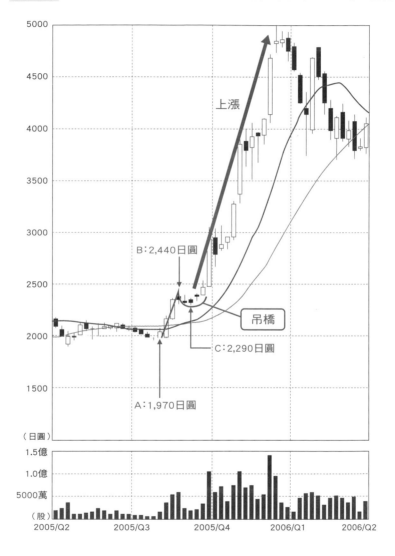

圖表 4-6　　BC 吊橋例子 2，東京電力 HD（9501）日線

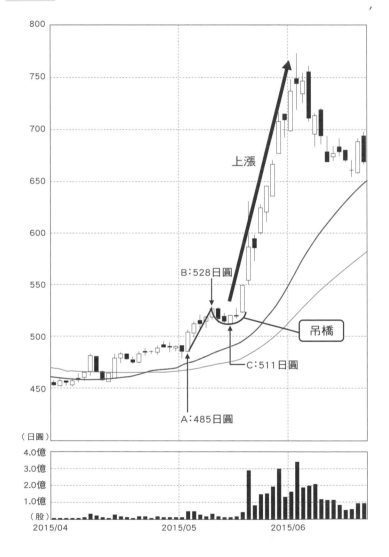

圖表 4-7 BC 吊橋例子 3，第一三共（4568）日線

月 14 日這段期間。此時，股價突破 B 點的當下，就是
絕佳的進場機會。

4

2日T，
當天和前一天的價差

　　2日T是指K棒最高價和最低價的差距比前一交易日小，且當日最高價未超過前一交易日最高價。這個型態要花2個營業日形成，所以才有此命名。

　　2日T出現後，股價會有高機率暴漲，千萬不要錯過進攻時機。

　　2日T中，最高價和前一交易日相同，但最低價往上提的「上平」形狀，會比最高價和最低價同時縮小更好。會稱為上平，是因為最高價維持水平沒有下跌。

　　2日T出現在日線、週線都很棒，但要注意，如果是出現在**近2至3年高檔區**，或2日T中**有大陰線**時，**就不是好型態**，出現在中低檔區（低於近期高點的地方）就是最佳型態。

　　以前我的目標是3日T，即連續3個交易日最高價

和最低價的差距逐漸縮小的型態，現在是以 2 日 T 為主要進攻對象。但並不是任何 2 日 T 都可以進場，**重點是要觀察當天的高低價差，比起前一個交易日是否有壓縮。**

這裡會用到的是顯示高低價差的 RT 倍率。出現 2 日 T 時，先計算出當天最高價減最低價，以及前一天的最高價減最低價，然後當天的數值除以前一天的數值，就是 RT 倍率，**RT 倍率只要在 60% 以內就好。**公式如下：

> （當天最高價－最低價）÷
> （前一交易日最高價－最低價）

比方說，前一交易日的高低價差是 100 日圓，當天的高低價差如果是 90 日圓，就稱不上有壓縮。如果是前一交易日 100 日圓，當天 60 日圓的話，才是有被壓縮。理想值是 40% 到 30%，但幾乎不會出現，所以才以 60% 為基準。

這種價差壓縮的 2 日 T 其實不常見，但只要一出

現，就會同時顯現在多檔股票上。

　　大家應該會很猶豫，不知該如何挑選。這邊先告訴大家一個指標——只看 K 棒的實體部分，找到形成 2 日 T 的地方，這是非常理想的型態。

　　我再另外傳授底底高比率給大家。

　　前一個交易日是陰線，當天是陽線時，**實體 K 棒的底底高比率最好在 30% 以上，若前一交易日為陽線時則要在 50% 以上**。

股價低於多少要出場？

　　2 日 T 的進攻時機在股價突破前一交易日最高價時，進攻後若上漲就繼續持有；出場時機則是日線底底低時。此外，還要事先決定好停損點，以因應進場後不漲反跌的狀況。

　　找到 2 日 T 進場後，當股價下跌 0.6% 就出場，這是避免賠大錢的重點。

　　這裡也來列舉 2 日 T 的實例。

　　第 144 頁圖表 4-8 瑞薩電子（6723）的日線中，2013 年 11 月 18 日到 20 日出現過這種必勝型態，股價在之後也確實有上漲。

圖表 4-8　　２日 T 例子 1，瑞薩電子（6723）日線

圖表4-9　2日T例子2，理索納控股（8308）日線

這裡也舉理索納控股（8308），在第 145 頁圖表 4-9 的日線中，2013 年 3 月 4 日到 6 日可看見 2 日 T 的型態。這檔股票後續出現一波極為猛烈的漲幅，原本 3 月 7 日收在 451 日圓，2 個營業日後就一度飆漲到 561 日圓。

　　只要看準 2 日 T，就能在暴漲時享受獲利。

 小知識

　　2 日 T 判斷重點： 出現在近 2 至 3 年高檔區，或其中有大陰線時都不好，在日線、週線、中低檔區才是最佳型態。

　　2 日 T 出場價算法：

　　股價 100 元×0.6％＝0.6 元

　　股價 100 元－0.6 元＝99.4 元

　　股價低於 99.4 元時出場。

5 ╱ 碟形會出現在低檔區

第 128 頁圖表 4-1 這種**碟形**的線圖型態，暗示行情可能會反彈，因其形狀像一個淺底的碟子，所以稱之為碟形。

雖然型態非常類似緩降緩升的吊橋，但還是有不同之處。首先，吊橋跌幅較小，碟形則較深；吊橋會出現在高檔區（股價相對高的位置），碟形則會在近 2 到 3 年的低檔區形成，因為碟形會出現在**市場情緒較悲觀**的時候。

形成這種型態也要 3 個營業日。若熱門股近 2 到 3 年都在低檔區徘徊，看見這種型態便是好機會，可預測股價會上漲。套用在週線和月線也一樣，特別是**在月線近 2 到 3 年的低檔區出現碟形就是一大機會**，只要在初期進攻就能大勝。

碟形如何攻略？

在近 2 到 3 年的低檔區出現碟形的時候，**先觀察日線，等前一交易日的 K 棒為底底高且當天開高時，就在突破前一交易日最高價時進場**。週線和月線常會連續出現雙碟形或三重碟形，且當有碟形型態時，因為不需要動能，所以成交量很少。

碟形也有很多騙線（進場點非突破點時，按：股市大戶利用股民們迷信技術分析數據、圖表的心理，故意抬拉、打壓股指，使圖表形成一定線型，引誘股民大量買賣），但因為是在近 2 到 3 年的低檔區認為會止跌反漲，所以搖擺不定的人也比較好出手。

讓我們一起觀察第 149 頁圖表 4-10 的**日本電氣（6701）月線圖**，可看出碟形出來後趨勢明顯轉變了。直到描繪出碟形的型態前，該檔股票股價長期下跌，但 2012 年 7 月開始慢慢描繪出曲線，同年 12 月後明顯進入多頭市場。途中雖然歷經盤整，但還是描繪出接近碟形的形狀，同時再次上漲。第 150 頁圖表 4-11 的**東京都競馬（9672）月線圖中**，同樣也能看到碟形型態。各位注意 2012 年 5 月到 11 月的變化，應該能看到股價在短暫小幅上漲後，出現碟形接著突然暴漲。

圖表 4-10　碟形例子 1，日本電氣（6701）月線

圖表 4-11　碟形例子 2，東京都競馬（9672）月線

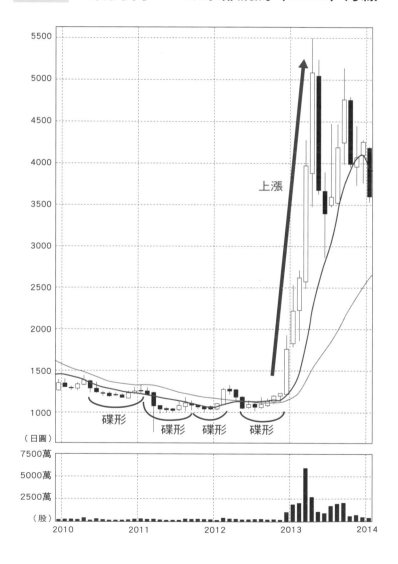

6

W 型態，
一出現市場必反轉

出現頻率不是特別高，但一出現時，市場極有可能反轉，就是第 128 頁圖表 4-1 的 W 型態。

長期下跌的股價從 A 點止跌反漲，漲到 B 點又開始回檔，再次跌到底部附近的 C 點又開始反彈，其軌跡如同 W，因此才有此名。換句話說，W 型態會出現在低檔區。

它的基本條件是，開始下跌到 A 點出現至少歷經 8 個月，然後 26 週均線（同臺灣的半年線）在 13 週均線（同臺灣的季線）上方，股價則在 13 週均線之下。

基本上用週線找 W 型態，且 A 點為最近的最低價，B 點為最高價，C 點則是從 B 點回檔後的低點（高於 A）。其他型態大都以開盤價為 A 點，但 W 形是以最低價為 A 點，也是其特徵。

在 W 型態，BC 之間跌深一點也無妨，但 AB 之間反彈小一點比較好。

　　最近的最低價 A 點到 B 點之間的**反彈在之前長期跌幅的 30% 以內，就是 W 形**。反彈如果太大，動能可能會在反彈中用盡，所以要在 30% 以內，可以的話最好是 10% 或 15%。

W 型態看週線

　　第 128 頁圖表 4-1 這種接近左右對稱的美麗 W 形非常罕見，所以可能會看漏。但這種可以讓我們強勢進場的型態很少見，最好先大量比較實際案例，讓自己能識別。

　　正如前述，W 型態基本上是用週線。在週線找到此型態時，**等日線突破前一交易日高點時就進場**。若如預期開始上漲，就繼續持有；變成底底低後，就立刻清倉撤退。

　　W 型態的目標價和 N 型態一樣，就是 B（A_2）加上 AB 的漲幅。入場時機正確時，停利就以目標價為當前目標，跟其他型態一樣只要持續上漲就續抱。

　　典型案例就是第 153 頁圖表 4-12 的日本電信電話

圖表 4-12　　**W 的例子 1，日本電信電話（9432）週線**

（9432）週線圖。

以 2002 年 2 月 4 日這週為 A 點，2 月 12 日的週線為 B 點，2 月 18 日的為 C 點，隔週可發現向上突破。

第 155 頁圖表 4-13 的天田（6113）週線圖也一樣，這種案例同樣不常出現，所以只能舉比較早期的例子，2003 年 4 月 26 日這一週的 K 棒到 5 月 26 日這一週的 K 棒描出 W 型態。

比較近一點的案例則是第 156 頁圖表 4-14 的 **JFE 控股（5411）**。這個案例是日線，在 2015 年 6 月連續下跌 4 個月後，同年 9 月到 10 月出現了 W 型態，並迎來一個大反彈。

 小知識

W 型態判斷重點：出現在低檔區，且 A 到 B 之間的反彈在之前跌幅的 30% 以內。

清倉：將持有股票全數賣出。

圖表 4-13　W 的例子 2，天田（6113）週線

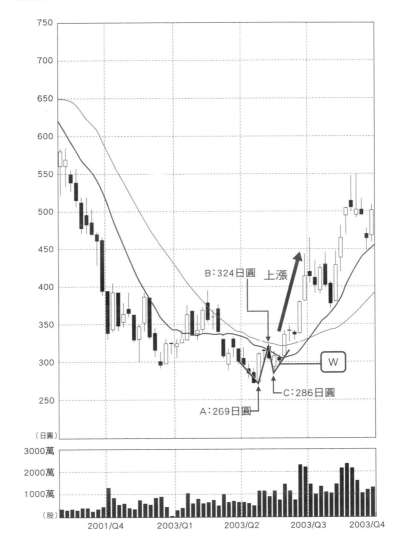

圖表 4-14　　W 的例子 3，JFE 控股（5411）日線

持續獲利七大流程

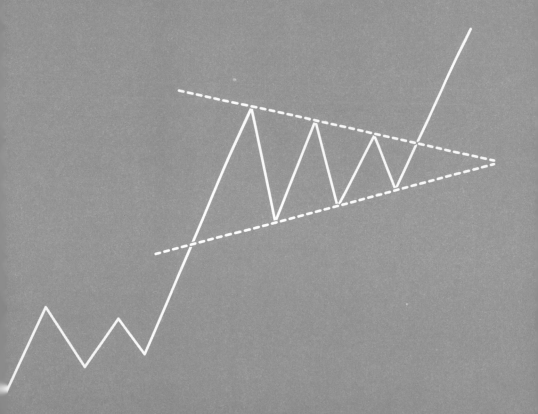

1

株鬼流七大進攻步驟

　　透過第 3 章解說的日線圖確認，找到第 4 章說明的必勝型態後，下一個課題就是該如何進場。

　　株鬼流在進攻上也有明確的流程，確實遵守步驟就能持續獲勝，具體來說有七大步驟。

1. 用月線和週線確認趨勢與位置

　　檢查能掌握長期趨勢的月線和中期動向的週線，確認個股至今的動向，以及目前是在高檔區還是低檔區。

2. 確認必要成交量

　　檢查當天成交量是否增加。要確認有暴量。

3. 用週線計算 TP

依據週線計算目標價，推估至少會漲到哪裡。

4. 檢視信用交易的成交變化

股價上漲時，確認融資餘額是否有跟著增加。如果股價下跌，但融資餘額卻增加，或是信用交易的成交狀況五五開，又或者融券餘額高於融資餘額，就放掉該檔股票。

5. 是否為類股龍頭

用成交額的大小確認上漲中的個股是否為類股龍頭，不能買類股第二大和第三大的個股。

6. 進場動機和進場點

再次確認你認定今後會上漲的進場動機，看準進場點買進。

7. 出現底底低就出場

記住算好的目標價，股價上漲期間繼續持有，出現底底低時就出場。

2

月 K 棒突破雙均線，
必有大行情

　　株鬼流基本上會用日線或週線確認必勝型態，並用週線、月線掌握市場的大方向，此時也要注意第 2 章解說過的關卡和大型關卡。

　　這邊舉實際案例說明該如何觀察趨勢。例如第 162 頁的**東京建物（8804）**在 2007 年後半，兩條均線（24 個月均線及 9 個月均線）描繪出下跌趨勢，股價正式轉跌。在那之後，長期均線一直在短期均線之上，股價持續低迷，直到大約 2012 年底，出現**月 K 棒突破雙均線**。

　　月 K 棒突破雙均線，是指 24 個月長期均線在上、9 個月的短期均線在下的狀態持續一陣子後，陽線從下往上突破兩條均線並逐漸創新高，提升了趨勢再次轉變的機率。實際上，該股在那之後確實有一波急拉。

　　來看第 164 頁的**東京都競馬（9672）月線**。2006

圖表 5-1　確認趨勢的例子 1，東京建物（8804）月線

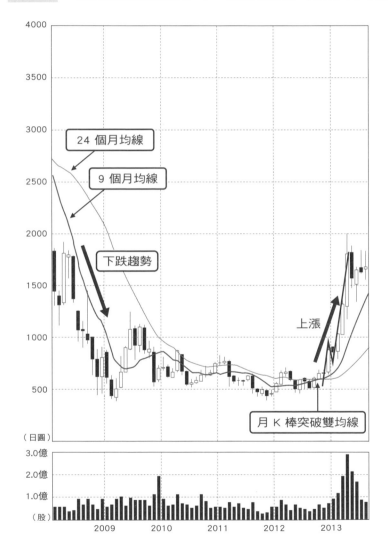

年 1 月開始，股價低迷了 6 年以上，但 2012 年底股價開始暴漲。1,330 日圓處有一個關卡，但很快就突破且漲勢加速，又衝破了 2010 年 4 月的關卡 1,440 日圓和 2009 年 6 月 1,730 日圓的關卡。

株鬼流稱這種月線連續 5 個月底底高的線圖為「五龍連」，看見這種型態時，很可能會有一波大行情，此時上下價差盡可能要小，K 線的角度也是越緩和越好，連續 4 個月底底高的東京都競馬就很接近這種型態。

前面提到的東京建物，月線圖上上升趨勢的中間附近，剛好有一個 N 型態，是絕佳的出手點。

當你盯上的個股出現趨勢改變，線圖描繪出 N 形且回檔在 30％ 以內，股價回到 B 點附近，便是一個絕佳的出手機會。

 小知識

　　五龍連：月線連續 5 個月底底高的線圖。

圖表 5-2 確認趨勢的例子 2，東京都競馬場
（9672）月線

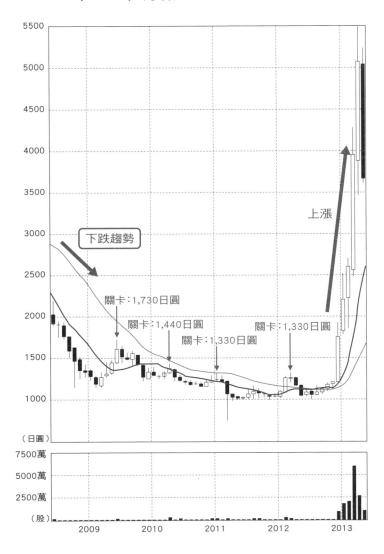

3

沒有成交量就不進場

　　觀察線圖型態，找到可能會上漲的個股後，首先要確認成交量的變化，如果成交量沒有大幅增加，就算找到必勝型態也必須放掉。

　　正如第 3 章解說的，從近期（數個月至數年）的月線找出最高的成交量（僅限陽線），再用概算營業日數 20 去除，當前的日線成交量只要有求得數值的七成左右即可買進，公式如下：

> 過去月線的陽線最高成交量÷20×0.7

　　原本株鬼流是以 BC30 為主，主要買進對象是回檔跌幅 30% 以下的個股，但即便回檔超過這個基準，只

要成交有暴量，獲勝機率則會變高。

　　第 167 頁圖表 5-3 雙日（2768）在 2015 年 3 月創下月成交量 7 億 333 萬股的紀錄，並急漲到同年 5 月。換算成每日平均，大約是 3,500 萬股。當成交量達此數字的 60% 至 70% 時，便是買進的好時機。

　　另外，要檢查當日成交量與前一交易日成交量的比值 VH。成交量的基準要在 60% 以上，VH 的計算方式如下：

$$當天成交量 \div 前一交易日成交量$$

　　進場前，請務必照上述內容確認。

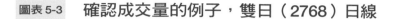

圖表 5-3　確認成交量的例子，雙日（2768）日線

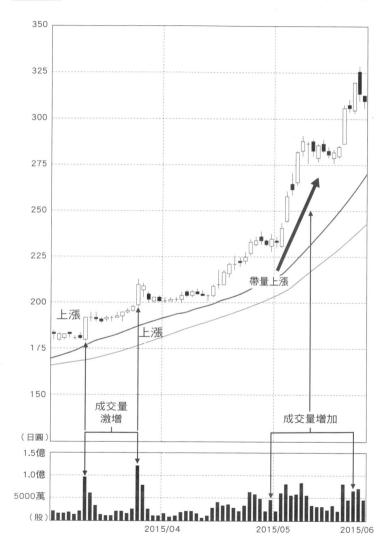

4

算出你的出場價

　　確認個股的上漲帶量後，接著要計算目標價，預估至少會漲到哪裡。因為看準時機進場後，會需要先預測一個價格，知道股價大概會漲到哪，用來判斷何時出場。如果不先訂出目標價，就會急著賣掉只賺到魚頭，又或者太貪心最後回跌把獲利吐回去。

　　株鬼流的目標價是先計算前一段的漲幅，把它往上加就能算出大約能漲到哪，為了做中期的考察，基本上會用週線計算。

　　但不代表一旦到了目標價，就要立刻獲利了結。如果股價突破目標價續漲，我們最好持續擁有，直到眼前的線圖轉為底底低。抵達目標價後，也可能判斷出「接下來大概漲不太動了」。

　　正如第 3 章所述，往前找回檔，如果看到 N 型

態，便可簡單計算出目標價。以下舉實際案例計算。

第 171 頁圖表 5-4 的日本郵船（9101），A 點為 2020 年 8 月 3 日週線的開盤價 1,395 日圓，上漲到 1,650 日圓（B 點）後，回檔到 1,589 日圓（C 點）。在這個階段要計算目標價，首先要算出 A 點和 B 點之間的漲幅，再加上A$_2$點的股價。

這樣就是：

> 目標價：1,650 日圓（B 點）－1,395 日圓（A 點）
> ＋1,617 日圓（A$_2$ 點）＝1,872 日圓

換句話說，目標價的漲幅，大概會與 A 點漲到 B 點相同。

而該檔股票在那之後漲到 1,926 日圓，小回檔後又大幅上漲。可以在 9 月 28 日週線底底低的時候出場，或是繼續持有，吃後面 2020 年 9 月至 2021 年 6 月一大段獲利。

無論如何，正因為有目標預期，所以才能積極進

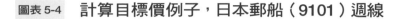

圖表 5-4　計算目標價例子，日本郵船（9101）週線

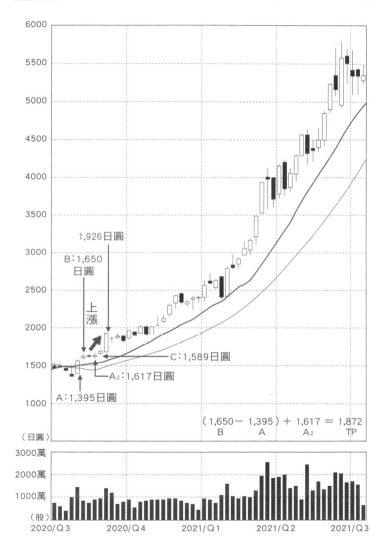

場，如果計算後發現後續沒什麼漲幅，便可以不出手。

BC 吊橋和 W 型態的目標價跟 BC30 一樣，都是 A_2 加上 AB 的漲幅。但有很多時候無法利用週線計算，因為上漲趨勢不斷時，很難找回檔，這時請改用日線，還是不行就換成月線。

有些案例最後還是計算不出目標價，但也沒辦法，就在轉為底底低時出場吧。

株鬼流金句

- 訂出目標價，才不會急著賣掉只賺到魚頭，或者太貪心而把獲利吐回去。

5

融券餘額大於融資餘額，
不能出手

有些投資人會做信用交易，他們的動向（融資與融券餘額的增減）常會左右之後的發展，所以在出手前也要確認信用交易的成交變化。

第 3 章提過，股票上漲時，融資餘額也跟著增加的話，就能判斷信用交易的成交狀況良好；如果股價下跌，融資餘額增加，這種信用交易的成交狀況一般，而融券餘額大於融資餘額時，最好放掉。

這邊舉一些實際案例。2014 年 8 月 11 日那一週開始，長期低迷的樂購仕（8202）股價突然開始上漲。大多數投資人起初應該感覺疑惑，但只要注意融資餘額就能懂，下頁圖表 5-5 是樂購仕的週線，觀察下方的信用成交的曲線變化，很明顯能看出融資餘額早就在增加。

圖表 5-5 確認信用交易成交變化，樂購仕
（8202）週線

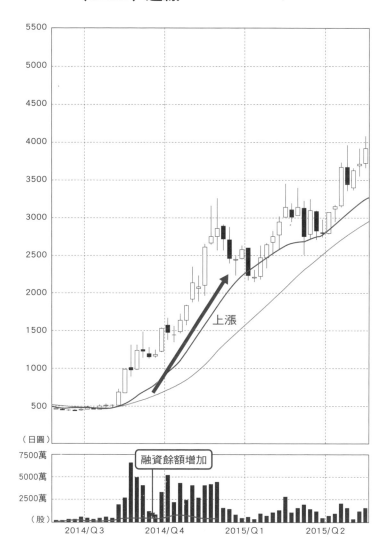

小知識

　台股融資餘額增減，可至 Goodinfo! 台灣股市資訊網，輸入股票代號→籌碼分析→融資融券查詢。

6

比較同類競爭企業成交額

　　株鬼流只會選領先上漲的類股龍頭，不會挑其他非類股龍頭的個股，判斷上漲中的個股是否為類股龍頭，也是出手前重要的步驟。

　　非類股龍頭是指急速上漲的個股，是同業種第二大或第三大個股。類股龍頭漲上去沒買到時，投資人會跑去買幾乎還沒動的類股第二大或第三大個股，但這種不會漲太多；類股龍頭回檔後止跌反漲，非類股龍頭大都直接跌下去且不會漲回，隨便亂追非龍頭類股，很可能期待落空。

　　我們要比較同類競爭企業的成交額，看清楚選中的個股是否為類股龍頭。

　　發現股價大幅變動的線圖後，先從成交額確認該股是否為類股龍頭，如果非類股龍頭就放掉，下面實際舉

例說明。

假設你在關注 2013 年 4 月初開始暴漲的東方公司（8585）。如下頁圖表 5-6-2 的日線所示，該股一口氣突破了上方關卡，所以得到投資人很大的期待，但這邊要慎重確認同產業的動向。

確認後會發現圖表 5-6-1 的日線，類股龍頭 AIFUL（8515）已經在同年 3 月 21 日開始大漲。AIFUL 早一

圖表 5-6-1　**確認是否為非類股龍頭例子，AIFUL（8515）日線**

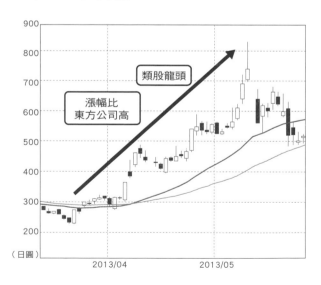

步領漲，所以東方公司是典型的非類股龍頭，不出所料，它的股價不久就急跌了。

圖表 5-6-2　**確認是否為非類股龍頭例子，東方公司（8585）日線**

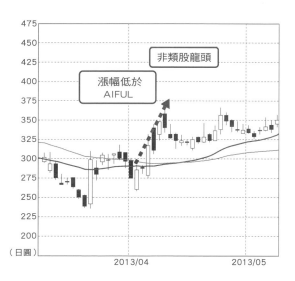

7

注意當天的開盤
委買委賣量

　　至今的步驟都顯示可以出手時，我們**必須再次確認
進場動機**，同時反覆思考明天具體應該用哪種條件進
攻。有時你覺得這個線圖型態絕對能出手，但仔細確認
後會發現自己操之過急。當你重新認知「這裡應該發動
進攻」時，也必須先敲定進場點，**BC30 和 BC 吊橋的
進場點，是日線在 C 點止跌回升並突破 B 點價格時；
2 日 T、碟形和 W 則是日線突破前一日高點時。**

　　另外也要注意出手當天的開盤價。基本上當天開盤
價要高於前一交易日的收盤價；若是開低，最好別進
場。還要**注意當天的開盤委買委賣量**。在日本，從券商
的網路下單系統畫面上，可以看到**委買委賣量**，正中央
是股價，上方是委買量，下方是委賣量，就是顯示「想
在這個價格買」和「想在這個價格賣」的股數。委買限

價單很多時，就是俗稱的「買盤積極」，株鬼流認為**賣盤積極比較好**，如果不這樣，法人主力就不會進場。

「**賣盤壓力大是為了被買；買盤力道強是為了被賣。**」而在開盤的委買委賣量上，特別是在上漲局勢中，還沒到 9 點整就賣單高掛（買單少於賣單，交易未成立的狀態）是危險訊號，先不出手。

 小知識

　　臺灣券商的看盤軟體，通常會將委買量與價格放左邊，委賣量與價格放右邊，並顯示離目前成交價最接近的五個價位。

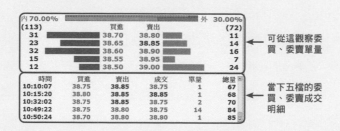

資料來源：《做股票就像穿藍白拖》。

8

碰到底底低就出場

　　當天最低價低於前一交易日最低價的狀態，株鬼流稱為底底低，象徵行情已經轉弱。就算你想再撐一下，或是覺得股價還會死灰復燃，看到這個情況便該立刻出場。

　　先前也解說過，出手前會先設定目標價，但股價未達設定值就底底低時，也要果斷出場；相反的，在轉為底底低之前都不要急著賣，繼續持有讓獲利奔跑。

　　這邊就舉實際案例，來看看出場的精髓。2015 年 5 月上旬，如同第 184 頁圖表 5-7 所示，東京電力 HD（9501）出現絕佳的進攻時機。

　　線圖看起來是呈現典型的 N 型態，所以馬上就能計算目標價。5 月 7 日 485 日圓（A 點）開盤後，5 月 13 日上漲到 528 日圓（B 點），5 月 15 日回檔到 511

圖表 5-7　**出場案例，東京電力 HD（9501）日線**

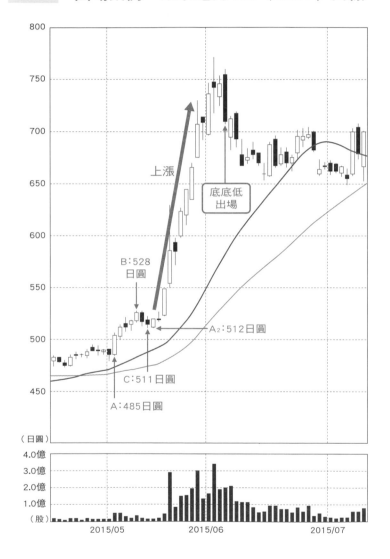

日圓（C 點）。將 528 日圓－485 日圓＝43 日圓的漲幅，加上 A_2 的 512 日圓，就能得到目標價 555 日圓，再來就是估算出場時機。

不出所料，行情走勢相當強勁，股價飆升，一瞬間就突破目標價。終於到了 6 月 4 日，日線出現了跌破前一交易日最低價的「底底低」。假設當天無法處理，等到隔天才出場時，也可以在 683 至 715 日圓的區間逢高脫手，最多可以吃到 715 日圓－485 日圓＝230 日圓的漲幅。

當行情如預期走勢強勁就打長期戰，若走勢太弱就短進短出，這是最基本的態度。如果股價回升，再重新進攻就好，下跌時嚴禁死抱著不放。

--- **株鬼流金句** ---

- 行情走勢強勁就打長期戰，太弱就短進短出，下跌時嚴禁死抱著不放。

股市贏家必勝心態

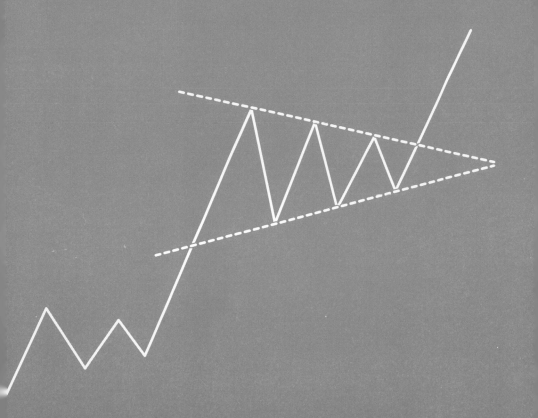

1

連續停損 3 次，
當週先回家睡覺

　　本章節介紹株鬼流的鐵則與作風。有些內容在其他章節也提過，但各位務必確實記在腦中。

　　首先，株鬼流非常重視停損，**如何快速判斷停損是勝負關鍵**。當然，認賠出場後股價可能再次走揚，但這時再找機會進攻即可。

　　假設用 2 日 T 進攻，**當股價下跌 0.6% 的時候，就停損出場**；用後述的「同值一文」（按：同值是指股價相同，一文則是價格級距，也就是股價的升降單位〔見第 6 章第 6 節〕）進攻時，當股價低於進場價兩文（2 檔位，股價 3 位數的個股就是 2 日圓）就要立刻認賠。**只要在進攻的同時，預先在進場價兩文下方掛好停損單**即可。

　　當預測錯誤、股價下跌時，認賠殺出就是株鬼流的

作風，如果**連續停損 3 次，我會建議當週先休息**，因為你可能在某處犯了致命性錯誤。

為了檢查敗因，除了重新審視買賣結果，還要試著回顧停損之前的交易過程，回想決定進攻該檔個股的動機與具體的條件設定，並找到出錯原因，有可能是看漏了 OAHK 法則的危險動向，如此一來，你的身體就會慢慢記住，避免犯下同樣失誤。

在股票世界中，有時要反覆犯下類似錯誤才會醒悟，而且人還是有狀況好和不好的時候，交易技巧再怎麼高超，也不見得總是能維持敏銳感覺。我也會漏看或判斷失準，所以每次失敗時，我會驗證和查明敗因，直到說服自己為止。

自古以來就有一句格言：「休息也是一種策略。」意思是「當市場情緒低迷時，不出手也是一種方法」，但株鬼流對這句話有不同解釋：「不管市場情緒有多悲觀，只要有表現強勢的股票，我們就絕不休息。但當自己亂了套，就該暫時停下、修正軌道。」這才是株鬼流的「休息也是一種策略」。

2

只做可放空標的

　　第 3 章開頭也提過,株鬼流會選擇符合五大條件之一的高流動性個股,其中一大原則是**只做可放空標的**,因為這些標的的**流動性非常高**。

　　不管股價走勢多強勁,低流動性股票會伴隨風險,可能無法在自己希望的時間點逢高脫手。可放空標的是指在制度信用交易中放空的個股。網路券商或日本的《公司四季報》的個股資訊會標示「可放空」,所以馬上就能識別(按:臺灣股票若無特殊情況皆可放空);反之,無法透過制度信用交易放空的個股,代表其流動性很低。而且這種股票仍可以融資做多,所以融資餘額會單方面一直累積。

　　要讓行情持續上漲,必須要有很多買單湧入,可是要不斷成交,**也必須得有相應的賣單**。換言之,缺乏賣

單就無法滿足好不容易出現的買單需求，股價也不太會上漲，若可以放空，就能提升流動性，較容易成交大量買單。

總之，賣單少，股價不容易上漲，各位千萬要注意這一點。

小知識

放空：又稱賣空、做空，指當投資人預期未來股價會下跌，先向券商借股票拿去賣（券賣），之後當股價下跌，就可以用較便宜的價格買回這張股票來還給券商（券買），從中賺取價差。

3

只買大型股

　　交易金額大的投資大戶積極參與的大型股，因交易熱絡、流動性高，有較大機率會有大行情，所以株鬼流會以大型股（流通股數在 5 億股以上）為中心買賣。

　　缺乏賣單時會出現想買買不到、想賣賣不掉的窘境，所以**投資小型股時**，**資金不能越加越大**。另外，「融資餘額未來會成為賣壓」是一大誤解。

　　融資餘額急速膨脹，往往是大戶出手的緣故，他們會先用信用交易敲入大單使融資餘額急增，大多數散戶看到這個情況會推測：「*之後這些融資平倉出場，股價就會下跌……。*」然後覺得自己只要在那之前先放空就能賺錢。如此一來，就會有超乎預期的賣單湧現，最早出手的大戶就能買到散戶放空的大量部位。

　　前面也有提過，委買委賣量中有大量限價賣單，也

就是「賣盤積極」才是好狀態。**如果賣單太少，大戶就不會出手買進。**

　　株鬼流主要挑選的標的是超 A 評等和 A 評等的大型股，卷末有個股清單，敬請參考。

 小知識

　　賣壓：大量拋出股票，使股價迅速下跌。

4

出現上影線
隔天一定要開高

　　株鬼流一定會檢查股票的熱門度。用日線觀察，**如果開盤有開高，代表這檔股票依舊熱門。**

　　開高是指開盤價高於前一交易日收盤價。當前一交易日收一根很長的上影線的時候，就必須遵守**上影線開高法則**。

　　為什麼？我來向各位說明。收一根長上影線是不好的圖形，代表高漲的股價當天被一股很強的力量賣了下來，所以如果「開高半否定了上影線」，就可以視為熱門股。

　　半否定是指價格的 50％，也就是上影線的部分若為 10 日圓，那隔天開高在 5 日圓以上即可。

5

永遠記得
「OAHK 法則」

　　觀察盤中市場，有時會出現難以理解的狀況，例如，明明整體行情走勢很弱，為何大家會追漲買進。

　　這大概是大戶或主力故意造成的。你會頻繁觀察到一些狀況，他們就像幽靈一樣不會在你眼前現出真身，卻可以明顯感覺到有人在背後操作。

　　不管如何，這類與平常不太一樣的動向，常常會帶來進出場的機會。

　　當你感覺到有 OAHK ＋I（見第 118 頁）其中一種徵兆時，應冷靜觀察、慎重判斷是否有進出場機會。還不習慣的人很難馬上看破，但只要養成每天觀察線圖的習慣，自然就能看懂。

　　株鬼流的學生也一樣，他們用自己的雙眼不斷觀察市場，最後才真正體悟到 OAHK 法則。

在盤中觀察時，可以思考「為何這裡會有人買」、「為什麼這邊有這麼多人賣」，無法盯盤的人也可以晚上看日線來判斷。觀察許多股價或線圖，培養「為什麼」、「跟平常不一樣」、「這怪怪的」等觀點和敏銳度很重要。

株鬼流金句

- 盤中觀察的時候，問自己：「為什麼這邊這麼多人賣？」、「這裡怪怪的」，培養不同觀點及敏銳度。

6

我的獨家祕笈：
同值一文法則

　　至今解說了幾個株鬼流的獨家法則，其中最有效的便是同值一文（一日圓）法則。同值是指股價相同，一文則是價格級距，也就是股價的升降單位。

　　日線圖上非常強勁的行情，經常會出現一種 K 棒——向上跳空的大陽線（見第 201 頁圖表 6-1）。

　　這代表股價大幅開高，遠高於前一交易日的最高價，然後在盤中持續上漲，最後收在很高的價格。

　　事前預測並巧妙抓住這波暴漲而獲益的方法，就是同值一文法則。這種非常強勁的市場中，完全沒有下影線，就算有也才 1 個檔位（股價 3 位數的個股為 1 日圓）的情況很多。

　　感覺會大幅超越前一交易日的最高價，也就是預計會有跳空開高時，不要猶豫，馬上進場。持續上漲就繼

續抱緊，日線低於前一交易日的最高價就出場。

我們來看實際案例。下頁圖表 6-1 是鐵建建設（1815）的日線。2014 年 7 月 17 日開盤價為 3,320 日圓，前一天的最高價是 3,270 日圓，因此跳空開高了 50 日圓，結果開盤價就是當天最低價，股價一路漲停。市場情緒從疲軟轉為高漲後，偶爾會出現開高後直接漲停

 小知識

檔位：上市有價證券買賣申報價格的升降單位。

台股股價有 6 個級距：

股價未滿 10 元：0.01 元。

股價 10 元～未滿 50 元：0.05 元。

股價 50 元～未滿 100 元：0.10 元。

股價 100 元～未滿 500 元：0.50 元。

股價 500 元～未滿 1,000 元：1.00 元。

股價 1,000 元以上：5.00 元。

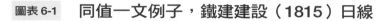

圖表 6-1　同值一文例子，鐵建建設（1815）日線

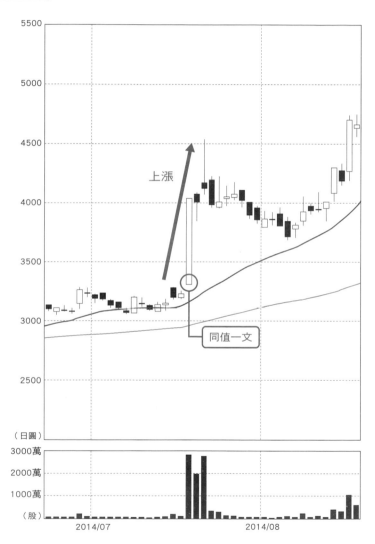

的案例。

同值一文法則就是為了讓你在此時能強勢發動進攻。股價如果低於二文（股價 3 位數的個股為 2 日圓）時，就立刻停損，進場的同時，可以先在開盤價下方 2 個檔位預掛停損單。

能用小停損換取大獲利，挑戰起來應該很容易。

 小知識

停損單：是指在進行交易時，為了避免交易虧損風險而設置的委託單類型。

7

四種圖型，適合放空

　　株鬼流的基本原則是在高價買進，更高價出場，也就是做多的技巧，但也會善用做空的方法。

　　株鬼流會教人分辨不能買的爛型態，也就是今後大概會下跌的個股，但反過來看，也是適合放空的個股。下面就來講解這四種爛型態。

　　最具代表的是**喇叭形**（見下頁圖表 6-2）。日線或週線上，最高價和最低價價差逐漸拉開，K 線上下擴散，看起來像一個橫向喇叭形狀，**能量會不停擴散，失去集中性**。

　　喇叭形中最需要小心的是「**JI 喇叭**」。

　　JI 是實體陰線的日文簡稱。在日線或週線中，是由當天（當週）和前一交易日（前週）2 根組成，且開盤價高於前一交易日（前週）的最高價，但收盤價低於前

圖表 6-2　JI 喇叭型態，KDDI（9433）日線

一天的最低價，這就是 JI 喇叭形。前一交易日的 K 棒
不管是陰線還陽線都無妨，重要的是當天的 K 棒收在
陰線。

　　用說的可能比較難理解，用看的馬上就能記住。陰
線的實體部分大於前一天的整根 K 棒（包含影線），
並將其整個包住的型態。**這種型態出現在近 2 到 3 年
高檔區時，就是急跌或由漲轉跌的訊號。**呈現 JI 喇叭
的型態，還繼續上漲的案例屈指可數。對做多來說是一
種非常危險的型態，卻最適合做空。

　　第二種是圓弧頂（見下頁圖表 6-3）。

　　這個型態很容易分辨，好幾根 K 棒的最高價緩慢
上漲又下跌，**形成像圓弧頂一樣的半圓形。**

　　形成圓弧頂的 K 棒最少要有 3 根，型態跟下方最
低價無關，通常只靠上方最高價就能構成線圖，但是在
很罕見的情況下，也會由下方最低價構成（見第 207 頁
圖表 6-4）。

　　圓弧頂形和碟形恰好相反，碟形回檔較淺，圓頂回
檔較深，而且圓頂有可能 3 個交易日形成 1 個小圓頂，
或是花 2 週形成 1 個大圓頂，非常多樣。

　　不管出現在哪個位置，圓弧頂都是一個絕對不能出

圖表 6-3　　**圓弧頂型態，野村 HD（8604）日線**

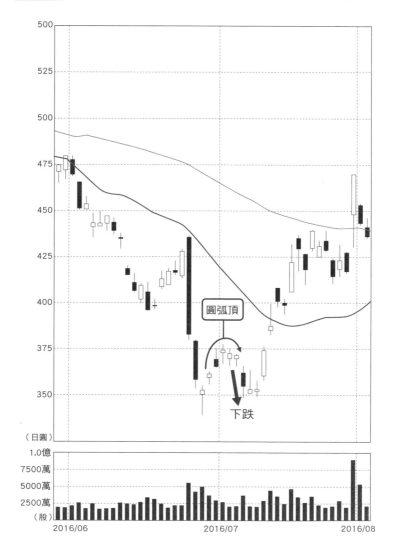

圖表 6-4 　圓弧頂型態，KDDI（9433）日線

內圓頂

急速下跌

（日圓）

（股）

2019/02 　　　　　　2019/03 　　　　　　2019/04

手的型態。記住,不管是出現在近 2 到 3 年的高檔區或是盤整,都不能出手。就算中央有點凹陷等,型態有些瓦解,但只要上方或下方的最高價有圓弧的感覺時,就都是爛型態。

第三個是拋物線(見下頁圖表 6-5)。

這個型態就跟球丟出去的軌跡一樣。上方圓弧的部分很像圓弧頂,但曲線的盡頭不會跌到曲線的起始位置。拋物線還有一個特徵是會出現在上漲過程中。

這種型態的感覺是,走勢強勁的個股要開始進入盤整。這種 K 棒出現時,是一種隨時都有可能暴跌的預兆,就算當下行情看似強勁,也應慎重對應。

圓弧頂和拋物線的不同之處在於,**前者出現後容易立刻下跌,後者則是溫水煮青蛙**。拋物線一度未成形,但過了一段時間轉為下跌的案例很多,所以這種型態出現後,也可以思考做空。

最後是三連跳空(見第 210 頁圖表 6-6)。

以前日本兜町(按:為東京重要的金融區)有一句諺語:「三連跳空不做多。」是指日線出現連續 3 次跳空開高後,暫時不能進場做多。

跳空是指當天的開盤價高於前一交易日的最高價。

圖表 6-5　拋物線型態，樂天（4755）日線

 三連跳空型態，發那科技株式會社
（6954）日線

若為跳空 3 陰線，則為當日開盤價低於前一交易日的最低價。觀察線圖，會發現今天和前一交易日的 K 棒沒有接觸，中間有一個缺口。

　　股價連續跳空開高，看似一個勁的往上漲，但**連續3次跳空開高後，等於出現不會再續漲的訊號**，之後有很高的機率轉跌，要多加留意這個型態。

株鬼流金句

- **除了會看必勝型態，還要懂得找出爛型態，它最適合放空。**

魚頭魚尾留給別人賺

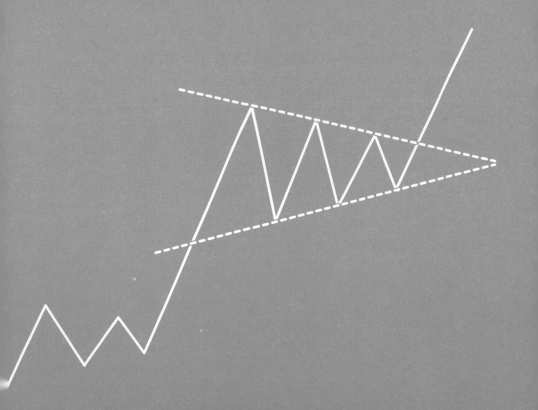

1

錯過前面 3% 漲幅又何妨

　　開始上漲前就先預測這波一定漲，然後直接下單，**千萬別這樣做**。

　　如果趨勢未如你預期發生改變，就會賠大錢，所以不要著急，等確認趨勢改變後再出手即可，因為趨勢已經動起來了，雖然你會錯過前面 3% 至 5% 的漲幅，但比起為了全拿而搶先進場，最後卻落空來得好。

　　股市有一句老諺語：「**魚頭魚尾留給別人賺**。」是在告誡大家要是太貪心，很可能會自掘墳墓。

　　不要預測下單，順著行情趨勢去投資。跟著行情順勢交易，是株鬼流的典型技巧。

2

用市價單而非限價單

　　株鬼流的基本做法是用市價單而非限價單，或是直接用買單把賣單買掉。

　　「跌到○○日圓就買」，這種決定股價再買入的預掛限價單是一種軟弱的方式，株鬼流的思維是「跌破○○日圓就買進」。我能理解想便宜買進的心情，但是株鬼流會優先考量進場的最佳時間點，而不是股價是否便宜。

　　我們會進攻預期接下來會漲的股票，所以就算買貴了也能賺回來。如果你預掛便宜的價格成交了，表示該檔股票有很多投資人在拋售，代表行情正在快速削弱。

3

從賣單最積極的價位買進

　　顯示買盤和賣盤的委買委賣量，如果低檔附近有大量買單湧入，株鬼流絕對不會出手。

　　一般認為，有大量限價買單就是買盤積極，代表有需求，是好狀態，但株鬼流不這麼想。**賣盤積極才是好狀態，很多人賣，法人才能進場。**

　　真的想要買該檔股票的投資人，會從賣單最積極（有大量賣單的價格區間）的價位開始買進，因為沒辦法成交就沒意義，所以遠低於市價的低檔有大量買單，即可判斷這些是想便宜買進的投資人所下的單。

　　這不是等跌了才要買的軟弱投資人，就是帶有某種意圖想誘導市場的投資人做的事。看到低檔買盤積極時，株鬼流會立刻排除這類個股。

小知識

　　機構投資人：是指銀行、保險公司、票券金融公司、證券商、基金管理公司、政府投資機構等，及其他經金融監督管理委員會核准之機構，臺灣通常稱為法人。

4

反覆攤平，越攤越貧

　　在其他章節也說過，攤平是軟弱的象徵，這是第一個要禁止的事。股價跌破自己的進場價，你又追加買進，試圖降低買入單價，這種攤平行為絕對做不得。因為你一開始的進場判斷就已經有誤，卻不肯承認失敗，還試圖藉由拉低單價減少損失。

　　反覆攤平只會讓你的資金逐漸減少，最後被套牢，若想買進其他股票，也會變得越來越困難。正如我一再強調，株鬼流會積極買進會漲的股票，不去管可能會跌的個股。

　　當然也有覺得會漲，買進後卻下跌的案例，這時只要立即停損，就不會有太大問題。不管是誰都看得出來，這遠比反覆攤平、越攤越貧更有效率。

5 / 小心處理雞蛋水餃股

　　股價便宜的低價股，俗稱雞蛋水餃股。會這樣稱呼，是因為股價就跟雞蛋、水餃一樣便宜，有可能是因為公司業績或財務狀況太糟，被投資人慘賣的緣故。

　　目前沒有嚴格的基準，但**股價在 100 日圓以下的個股，即可視為雞蛋水餃股**（按：在台股中，通常指股價長時間在 10 元以下的股票）。這些有很多是體質不良的個股，最好不要碰比較安全。

　　在少數的情況下，這類股有可能變成飆股，這點很吸引人，但要攻略這種股票有一定的難度，初學者最好別碰。特別要注意**持續經營存疑**的個股。

小知識

持續經營：指一個企業能在可見的將來
（通常為 12 個月以內）維持業務持續運作，
而沒有破產的意圖或風險。

.

卷末資料 1

超 A 評等和 A 評等清單

　　以前對超級 A 評等和 A 評等的定義分別為：流通股數 20 億股以上的個股，和流通股數 10 億股以上，但未滿 20 億股的個股。

　　然而，日本在 2018 年秋天正式實施股票合併，將原本交易單位為 1,000 股的股票，合併成 100 股（每 10 股併成 1 股），所以無法像過去一樣單純計算。

　　後面的清單就是我修正定義後重新評等的內容，是用總市值、流通股數和業界占比計算出來的（皆為日本股票）。

　　總市值就算再大，**流通股數太少就不會入榜**，像是基恩斯（6861），截至 2021 年 9 月，它的股價在 6 萬日圓左右，總市值為前四大，但流通股數很少，只有約 2.4 億股，所以未列入清單。

　　此外，流通股數在 5 億股以下的個股，因為流通

性太低，所以不會列入超 A 評等，例如約 3.8 億股的東日本旅客鐵道（9020）、約 3.6 億股的 Oriental Land（4661）、約 1.3 億股的任天堂（7974）等。

其他還省略了第一大股東持股 30% 以上的個股，例如日本郵政（6178）、中外製藥（4519）等，因為這些公司自主性低，容易受母公司影響。瑞薩電子（6723）也因為有持股 2 成以上的大股東，所以並未列入清單中。

超 A 評等和 A 評等的個股線圖比較可信，騙線也比較少，初學者可以先從這些大型股開始交易。

超級 A 評等：

1. 豐田汽車（7203）

2. 軟銀集團（9984）

3. 日本電信電話（9432）

4. 三菱日聯金融集團（8306）

5. 武田藥品工業（4502）

6. 索尼（6758）

7. KDDI（9433）

8. 本田技研工業（7267）

9. 三井住友金融集團（8316）

10 瑞可利（6098）

11. 三菱商事（8058）

12. 瑞穗金融集團（8411）

13. 7&I 控股（3382）

14. 佳能（7751）

15. 日產汽車（7201）

16. 東京海上控股（8766）

17. 安斯泰來製藥（4503）

18. 普利司通（5108）

19. 日立製作所（6501）

20. 伊藤忠商事（8001）

A 評等：

1. 小松製作所（6301）

2. 三菱地所（8802）

3. 富士軟片控股（4901）

4. 松下電器（6752）

5. 麒麟控股（2503）

6. 歐力士（8591）

7. 第一生命控股（8750）

8. 東芝（6502）

9. 永旺集團（8267）

10. 日本製鐵（5401）

11. ENEOS 控股（5020）

12. 野村集團（8604）

13. 東京瓦斯（9531）

14. 三菱化學控股（4188）

15. 東麗（3402）

16. 東京電力 HD（9501）

17. 久保田（6326）

18. 三菱重工業（7011）

19. JFE 控股（5411）

20. 住友化學（4005）

21. 理索納控股（8308）

22. 日本電氣（6701）

23. 夏普（6753）

24. 三井不動產（8801）

25. 三菱電機（6503）

26. 三井物產（8031）

27. ANA Holdings Inc（9202）

28. 富士通（6702）

29. 大成建設（1801）

30. 住友金屬礦山（5713）

31. 王子製紙（3861）

32. 第一三共（4568）

33. 日本郵船（9101）

台股發行股數 1 億股以上（約 10 萬張）的個股：

代號	名稱	市場	發行量（萬張）	產業別
2330	台積電	市	2,593	半導體業
2891	中信金	市	1,958	金控業
2883	開發金	市	1,685	金控業
2002	中鋼	市	1,573	鋼鐵工業
2888	新光金	市	1,549	金控業
2884	玉山金	市	1,508	金控業
2882	國泰金	市	1,467	金控業
5880	合庫金	市	1,401	金控業
2886	兆豐金	市	1,394	金控業
2317	鴻海	市	1,386	其他電子業

（接下頁）

代號	名稱	市場	發行量（萬張）	產業別
2880	華南金	市	1,364	金控業
2892	第一金	市	1,322	金控業
2303	聯電	市	1,250	半導體業
2885	元大金	市	1,250	金控業
2881	富邦金	市	1,240	金控業
2890	永豐金	市	1,214	金控業
2887	台新金	市	1,197	金控業
00878	國泰永續高股息	市	1,105	N/A
2801	彰銀	市	1,059	銀行業
3481	群創	市	955.6	光電業
6505	台塑化	市	952.6	油電燃氣業
00632R	元大台灣 50 反 1	市	910.4	N/A
2834	臺企銀	市	803	銀行業
1303	南亞	市	793.1	塑膠工業
2412	中華電	市	775.7	通信網路業
2409	友達	市	769.9	光電業
1101	台泥	市	715.6	水泥工業
0056	元大高股息	市	694.8	N/A
1301	台塑	市	636.6	塑膠工業
2610	華航	市	601.4	航運業
1326	台化	市	586.1	塑膠工業
1216	統一	市	568.2	食品工業
2633	台灣高鐵	市	562.8	航運業

代號	名稱	市場	發行量（萬張）	產業別
2618	長榮航	市	536.3	航運業
1402	遠東新	市	535.3	紡織纖維
2812	台中銀	市	501.5	銀行業
5876	上海商銀	市	486.2	銀行業
2324	仁寶	市	440.7	電腦及週邊設備業
3711	日月光投控	市	437.6	半導體業
3682	亞太電	市	431.7	通信網路業
2845	遠東銀	市	407	銀行業
6770	力積電	市	406.7	半導體業
2344	華邦電	市	398	半導體業
2382	廣達	市	386.3	電腦及週邊設備業
1314	中石化	市	378.5	塑膠工業
1605	華新	市	373.1	電器電纜
2838	聯邦銀	市	359.4	銀行業
2356	英業達	市	358.8	電腦及週邊設備業
1102	亞泥	市	354.7	水泥工業
3045	台灣大	市	351.9	通信網路業
2609	陽明	市	349.2	航運業
2889	國票金	市	344.7	金控業
4904	遠傳	市	325.8	通信網路業
2105	正新	市	324.1	橡膠工業
9945	潤泰新	市	316	其他業
00882	中信中國高股息	市	315	N/A

（接下頁）

代號	名稱	市場	發行量（萬張）	產業別
00881	國泰台灣 5G+	市	314.6	N/A
2408	南亞科	市	309.8	半導體業
2353	宏碁	市	304.8	電腦及週邊設備業
9904	寶成	市	294.7	其他業
6116	彩晶	市	294	光電業
1802	台玻	市	290.8	玻璃陶瓷
3231	緯創	市	290	電腦及週邊設備業
00772B	中信高評級公司債	櫃	286.3	N/A
2615	萬海	市	280.6	航運業
2897	王道銀行	市	273.4	銀行業
4938	和碩	市	266.7	電腦及週邊設備業
00900	富邦特選高股息 30	市	263.6	N/A
00679B	元大美債 20 年	櫃	261.1	N/A
2308	台達電	市	259.8	電子零組件業
0050	元大台灣 50	市	255.2	N/A
00724B	群益投資級金融債	櫃	253.2	N/A
00751B	元大 AAA 至 A 公司債	櫃	250	N/A
2301	光寶科	市	236.2	電腦及週邊設備業
2371	大同	市	234	電機機械
00761B	國泰 A 級公司債	櫃	225.1	N/A
00773B	中信優先金融債	櫃	221.6	N/A
00885	富邦越南	市	219.3	N/A
6005	群益證	市	217.1	證券業

代號	名稱	市場	發行量（萬張）	產業別
1504	東元	市	213.9	電機機械
2603	長榮	市	211.6	航運業
00725B	國泰投資級公司債	櫃	206	N/A
2027	大成鋼	市	202.9	鋼鐵工業
00720B	元大投資級公司債	櫃	200	N/A
2023	燁輝	市	197.6	鋼鐵工業
2352	佳世達	市	196.7	電腦及週邊設備業
2849	安泰銀	市	195.8	銀行業
00637L	元大滬深 300 正 2	市	194.3	N/A
00746B	富邦A級公司債	櫃	187	N/A
2337	旺宏	市	185.6	半導體業
2923	鼎固-KY	市	174	建材營造業
2542	興富發	市	171.5	建材營造業
00893	國泰智能電動車	市	168.9	N/A
1434	福懋	市	168.5	紡織纖維
3702	大聯大	市	167.9	電子通路業
2347	聯強	市	166.8	電子通路業
1907	永豐餘	市	166	造紙工業
1440	南紡	市	165.7	紡織纖維
5347	世界	櫃	163.9	半導體業
3576	聯合再生	市	162.8	光電業
1409	新纖	市	161.8	紡織纖維
2454	聯發科	市	160	半導體業

（接下頁）

代號	名稱	市場	發行量（萬張）	產業別
5871	中租-KY	市	158.3	其他業
9907	統一實	市	157.9	其他業
3037	欣興	市	152.5	電子零組件業
1229	聯華	市	148	食品工業
2855	統一證	市	145.6	證券業
2014	中鴻	市	143.6	鋼鐵工業
2903	遠百	市	141.7	貿易百貨業
2354	鴻準	市	141.4	其他電子業
00792B	群益 A 級公司債	櫃	132.3	N/A
00777B	凱基 AAA 至 A 公司債	櫃	129.5	N/A
00778B	凱基金融債 20+	櫃	128.8	N/A
00723B	群益投資級科技債	櫃	125.4	N/A
2449	京元電子	市	122.3	半導體業
3706	神達	市	120.7	電腦及週邊設備業
2313	華通	市	119.2	電子零組件業
1304	台聚	市	118.9	塑膠工業
2504	國產	市	118	建材營造業
1717	長興	市	117.8	化學工業
00756B	群益投等新興公債	櫃	115.6	N/A
8069	元太	櫃	114	光電業
00726B	國泰 5Y+ 新興債	櫃	112.9	N/A
2809	京城銀	市	111.1	銀行業
1904	正隆	市	110.8	造紙工業

代號	名稱	市場	發行量（萬張）	產業別
2915	潤泰全	市	110.4	貿易百貨業
1905	華紙	市	110.3	造紙工業
00722B	群益投資級電信債	櫃	108	N/A
2607	榮運	市	106.7	航運業
2912	統一超	市	104	貿易百貨業
8415	大國鋼	櫃	103.2	鋼鐵工業
2201	裕隆	市	100	汽車工業
00687B	國泰20年美債	櫃	99.98	N/A
1722	台肥	市	98	化學工業
00740B	富邦全球投等債	櫃	97.7	N/A
6548	長科*	櫃	96.64	半導體業
00749B	凱基新興債10+	櫃	95.25	N/A
4958	臻鼎-KY	市	94.7	電子零組件業
2634	漢翔	市	94.19	航運業
1227	佳格	市	91.51	食品工業
2106	建大	市	90.94	橡膠工業
1210	大成	市	89.48	食品工業
3036	文曄	市	88.65	電子通路業
9910	豐泰	市	88.17	其他業
2606	裕民	市	84.51	航運業
2377	微星	市	84.49	電腦及週邊設備業
2101	南港	市	83.39	橡膠工業
2882A	國泰特	市	83.33	金控業

（接下頁）

代號	名稱	市場	發行量（萬張）	產業別
2498	宏達電	市	83.13	通信網路業
3703	欣陸	市	82.32	建材營造業
9933	中鼎	市	80.18	其他業
2206	三陽工業	市	79.75	汽車工業
5522	遠雄	市	78.16	建材營造業
2395	研華	市	77.85	電腦及週邊設備業
00785B	富邦金融投等債	櫃	76.3	N/A
2385	群光	市	76.01	電子零組件業
6239	力成	市	75.91	半導體業
3714	富采	市	75.48	光電業
00713	元大台灣高息低波	市	75	N/A
2637	慧洋-KY	市	74.64	航運業
6550	北極星藥業-KY	市	74.3	生技醫療業
2357	華碩	市	74.28	電腦及週邊設備業
6147	頎邦	櫃	73.87	半導體業
2539	櫻花建	市	73.73	建材營造業
006208	富邦台 50	市	73.5	N/A
2006	東和鋼鐵	市	73.02	鋼鐵工業
8150	南茂	市	72.72	半導體業
2882B	國泰金乙特	市	70	金控業
8070	長華*	市	68.94	電子通路業
8926	台汽電	市	68.9	油電燃氣業
2474	可成	市	68.04	其他電子業

代號	名稱	市場	發行量（萬張）	產業別
2881B	富邦金乙特	市	66.67	金控業
8046	南電	市	64.62	電子零組件業
2376	技嘉	市	63.57	電腦及週邊設備業
3034	聯詠	市	60.85	半導體業
3005	神基	市	60.65	電腦及週邊設備業
2881A	富邦特	市	60	金控業
4123	晟德	櫃	59.48	生技醫療業
1319	東陽	市	59.15	汽車工業
5483	中美晶	櫃	58.62	半導體業
2015	豐興	市	58.16	鋼鐵工業
2441	超豐	市	56.88	半導體業
2345	智邦	市	56.02	通信網路業
2204	中華	市	55.36	汽車工業
2207	和泰車	市	54.62	汽車工業
6282	康舒	市	52.61	電子零組件業
3044	健鼎	市	52.56	電子零組件業
1503	士電	市	52.1	電機機械
6592	和潤企業	市	51.5	其他業
2379	瑞昱	市	51.29	半導體業
4128	中天	櫃	51.11	生技醫療業
5009	榮剛	櫃	50.2	鋼鐵工業
9941	裕融	市	49.84	其他業
2388	威盛	市	49.83	半導體業

（接下頁）

代號	名稱	市場	發行量（萬張）	產業別
1513	中興電	市	49.48	電機機械
2368	金像電	市	49.18	電子零組件業
3264	欣銓	櫃	49.02	半導體業
2492	華新科	市	48.58	電子零組件業
6176	瑞儀	市	46.5	光電業
4915	致伸	市	45.94	電子零組件業
6257	矽格	市	45.67	半導體業
3189	景碩	市	45.45	半導體業
9917	中保科	市	45.12	其他業
1808	潤隆	市	45.1	建材營造業
6488	環球晶	櫃	43.52	半導體業
2451	創見	市	42.91	半導體業
2360	致茂	市	42.54	其他電子業
3105	穩懋	櫃	42.39	半導體業
2327	國巨	市	42.21	電子零組件業
4919	新唐	市	41.98	半導體業
6285	啟碁	市	41.74	通信網路業
2211	長榮鋼	市	41.71	鋼鐵工業
6412	群電	市	39.9	電子零組件業
4743	合一	櫃	39.58	生技醫療業
9921	巨大	市	39.21	其他業
5371	中光電	櫃	39.1	光電業
3532	台勝科	市	38.78	半導體業

代號	名稱	市場	發行量（萬張）	產業別
3017	奇鋐	市	38.33	電腦及週邊設備業
2481	強茂	市	38.28	半導體業
6415	矽力*-KY	市	38.2	半導體業
2457	飛宏	市	37.52	電子零組件業
2645	長榮航太	市	37.46	航運業
6213	聯茂	市	36.3	電子零組件業
2049	上銀	市	35.38	電機機械
6446	藥華藥	櫃	33.95	生技醫療業
6456	GIS-KY	市	33.79	光電業
3707	漢磊	櫃	33.32	半導體業
2383	台光電	市	33.29	電子零組件業
6269	台郡	市	32.28	電子零組件業
6789	采鈺	市	31.58	半導體業
3042	晶技	市	30.98	電子零組件業
6589	台康生技	櫃	30.47	生技醫療業
2458	義隆	市	30.39	半導體業
2227	裕日車	市	30	汽車工業
9914	美利達	市	29.9	其他業
1215	卜蜂	市	29.48	食品工業
8464	億豐	市	29.3	其他業
6278	台表科	市	29.24	光電業
9939	宏全	市	28.78	其他業
2548	華固	市	27.68	建材營造業

（接下頁）

代號	名稱	市場	發行量（萬張）	產業別
1476	儒鴻	市	27.44	紡織纖維
6214	精誠	市	27.23	資訊服務業
3374	精材	櫃	27.14	半導體業
1795	美時	市	26.26	生技醫療業
1519	華城	市	26.11	電機機械
4147	中裕	櫃	25.27	生技醫療業
1773	勝一	市	25	化學工業
3035	智原	市	24.86	半導體業
1477	聚陽	市	24.19	紡織纖維
3023	信邦	市	23.91	電子零組件業
1723	中碳	市	23.69	化學工業
9958	世紀鋼	市	23.39	鋼鐵工業
5903	全家	櫃	22.32	貿易百貨業
8454	富邦媒	市	21.85	貿易百貨業
6806	森崴能源	市	21.62	其他業
1590	亞德客-KY	市	20	電機機械
8299	群聯	櫃	19.96	半導體業
6196	帆宣	市	19.57	其他電子業
2404	漢唐	市	19.06	其他電子業
4961	天鈺	市	18.65	半導體業
6121	新普	櫃	18.5	電腦及週邊設備業
5434	崇越	市	18.17	電子通路業
2723	美食-KY	市	18	觀光事業

代號	名稱	市場	發行量（萬張）	產業別
6669	緯穎	市	17.48	電腦及週邊設備業
6531	愛普*	市	16.19	半導體業
3665	貿聯-KY	市	16.16	其他電子業
6271	同欣電	市	16.08	半導體業
1707	葡萄王	市	14.81	生技醫療業
3293	鈊象	櫃	14.09	文化創意業
3653	健策	市	13.84	電子零組件業
3443	創意	市	13.4	半導體業
3008	大立光	市	13.35	光電業
6670	復盛應用	市	13.26	其他業
2707	晶華	市	12.74	觀光事業
8016	矽創	市	12.01	半導體業
3406	玉晶光	市	11.27	光電業
3533	嘉澤	市	11.13	電子零組件業
6414	樺漢	市	10.88	電腦及週邊設備業
5904	寶雅	櫃	10.22	貿易百貨業

資料擷取時間：2023 年 6 月 7 日。
資料來源：Goodinfo! 台灣股市資訊網。

臺灣單季營業利益約新臺幣 21 億元以上的上市公司：

代號	名稱	2023/Q1 營益（億）	代號	名稱	2023/Q1 營益（億）
2330	台積電	2,312	2905	三商	44.4
2317	鴻海	405	3045	台灣大	42.9
2303	聯電	145	6505	台塑化	42.8
2454	聯發科	144	2395	研華	35
2412	中華電	122	2027	大成鋼	34.5
2603	長榮	111	2912	統一超	34.4
5871	中租-KY	84.7	4904	遠傳	34
2308	台達電	84.1	3008	大立光	32.7
2207	和泰車	82.1	8046	南電	31.7
2382	廣達	78.6	1402	遠東新	29.7
3711	日月光投控	77	3037	欣興	29.1
1216	統一	67.8	4938	和碩	28.2
2618	長榮航	62.7	2377	微星	27.8
6488	環球晶	61	1605	華新	27.4
5483	中美晶	58	2345	智邦	25.9
3034	聯詠	56.6	2201	裕隆	23.7
2633	台灣高鐵	52.1	9941	裕融	23.1
2327	國巨	49.2	2542	興富發	22.6
3231	緯創	47.2	2324	仁寶	22.5
6669	緯穎	44.8			

資料擷取時間：2023 年 6 月 7 日。
資料來源：台灣股市資訊網。

臺灣單月營收約新臺幣 218 億元的上市公司：

代號	名稱	市場	營收月份	單月營收（億）
2317	鴻海	市	23M05	4,507
2330	台積電	市	23M05	1,765
4938	和碩	市	23M05	906
2324	仁寶	市	23M05	832
2382	廣達	市	23M05	770
3231	緯創	市	23M05	633
6505	台塑化	市	23M05	575
3702	大聯大	市	23M05	537
1216	統一	市	23M05	464
3711	日月光投控	市	23M05	462
2356	英業達	市	23M05	461
3036	文曄	市	23M05	367
2357	華碩	市	23M05	363
2308	台達電	市	23M05	342
2002	中鋼	市	23M05	328
2454	聯發科	市	23M05	316
2882	國泰金	市	23M05	300
2347	聯強	市	23M05	291
2912	統一超	市	23M05	265
1326	台化	市	23M05	245
2207	和泰車	市	23M05	239
2603	長榮	市	23M05	229
1303	南亞	市	23M05	226
2409	友達	市	23M05	218

資料擷取時間：2023 年 6 月 7 日。

資料來源：台灣股市資訊網。

卷末資料 2

必勝型態線圖實例

卷末資料 2-1　BC30，三菱重工業（7011）日線

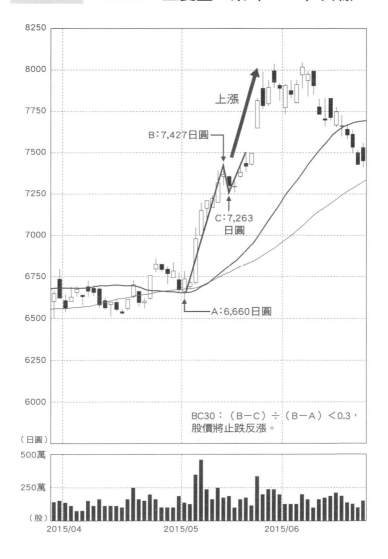

上漲

B：7,427日圓

C：7,263
日圓

A：6,660日圓

BC30：（B－C）÷（B－A）＜0.3，
股價將止跌反漲。

卷末資料 2-2　　**BC30，日本佳美工（6997）日線**

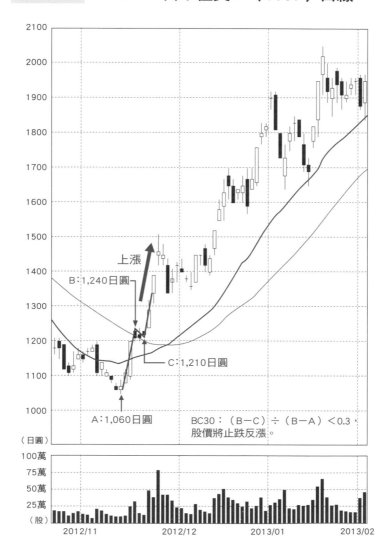

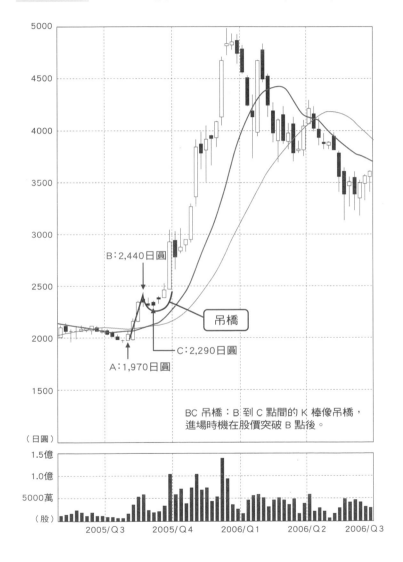

卷末資料 2-3　　**BC 吊橋，理索納控股（8308）週線**

B：2,440日圓

吊橋

C：2,290日圓

A：1,970日圓

BC 吊橋：B 到 C 點間的 K 棒像吊橋，
進場時機在股價突破 B 點後。

（日圓）

1.5億
1.0億
5000萬
（股）
2005/Q3　　2005/Q4　　2006/Q1　　2006/Q2　　2006/Q3

卷末資料 2-4 BC 吊橋，東京電力（9501）日線

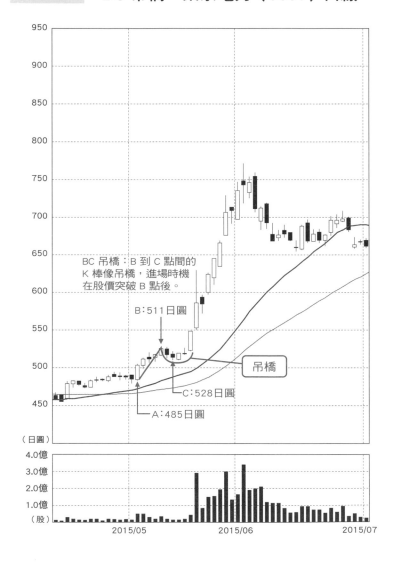

BC 吊橋：B 到 C 點間的
K 棒像吊橋，進場時機
在股價突破 B 點後。

B：511日圓

吊橋

C：528日圓

A：485日圓

卷末資料 2-5　**2 日 T，關西電力（9503）日線**

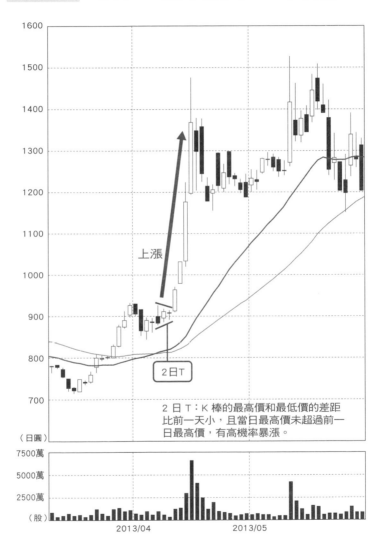

2 日 T：K 棒的最高價和最低價的差距比前一天小，且當日最高價未超過前一日最高價，有高機率暴漲。

卷末資料 2-6 2 日 T，軟銀集團（9984）日線

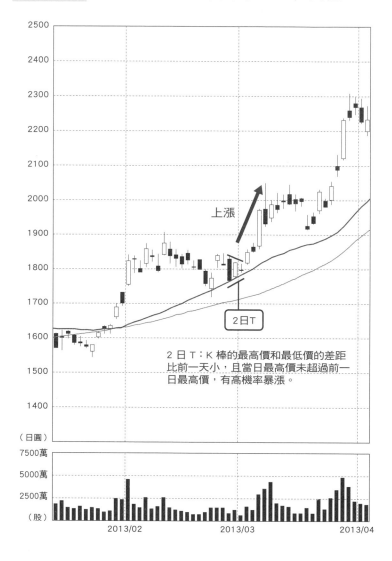

上漲

2日T

2 日 T：K 棒的最高價和最低價的差距
比前一天小，且當日最高價未超過前一
日最高價，有高機率暴漲。

 **碟形，日本電氣（6701）月線**

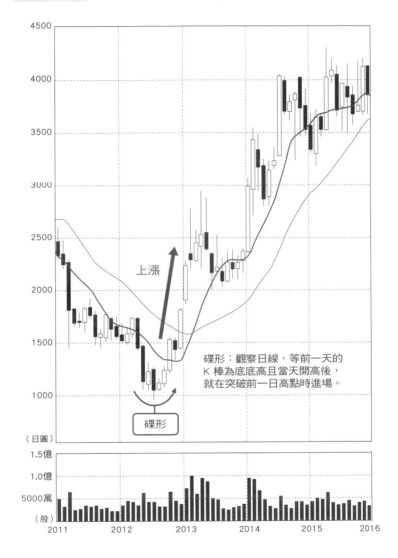

上漲

碟形：觀察日線，等前一天的
K 棒為底底高且當天開高後，
就在突破前一日高點時進場。

碟形

（日圓）

（股）

卷末資料 2-8　碟形，日本冶金工業（5480）日線

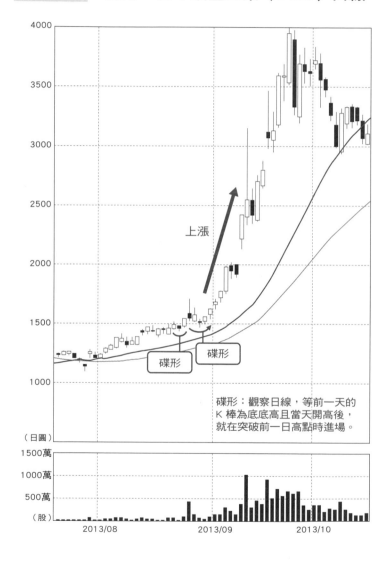

上漲

碟形

碟形

碟形：觀察日線，等前一天的
K 棒為底底高且當天開高後，
就在突破前一日高點時進場。

（日圓）

1500萬
1000萬
500萬
（股）

2013/08　　2013/09　　2013/10

卷末資料 2-9　**W，三菱汽車（7211）週線**

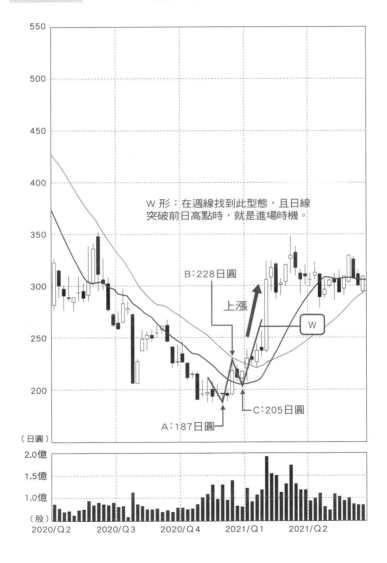

W 形：在週線找到此型態，且日線
突破前日高點時，就是進場時機。

B：228日圓

上漲

W

C：205日圓

A：187日圓

卷末資料 2-10 　W，野村集團（8604）週線

W 形：在週線找到此型態，且日線
突破前日高點時，就是進場時機。

上漲

B：1266
日圓

W

A：1087日圓

C：1143日圓

國家圖書館出版品預行編目（CIP）資料

株鬼流強勢 K 線獲利祕技：K 線底底高，未
來股價強；K 線底底低，別進場；授業超過兩
千五百人的最簡單入門，五要點抓到進場訊
號。／ The 株鬼（小島晉也）著；林信帆譯. --
初版. -- 臺北市：大是文化有限公司，2023.08
256 面；14.8×21 公分. --（Biz；432）
ISBN 978-626-7328-29-3（平裝）

1. CST：股票投資　2. CST：投資技術
3. CST：投資分析

563.53　　　　　　　　　　　　112008109

Biz 432

株鬼流強勢 K 線獲利祕技

K 線底底高，未來股價強；K 線底底低，別進場；
授業超過兩千五百人的最簡單入門，五要點抓到進場訊號。

作　　者／The 株鬼（小島晉也）
譯　　者／林信帆
責任編輯／林盈廷
校對編輯／宋方儀
美術編輯／林彥君
副 主 編／馬祥芬
副總編輯／顏惠君
總 編 輯／吳依瑋
發 行 人／徐仲秋
會計助理／李秀娟
會　　計／許鳳雪
版權主任／劉宗德
版權經理／郝麗珍
行銷企劃／徐千晴
行銷業務／李秀蕙
業務專員／馬絮盈、留婉茹
業務經理／林裕安
總 經 理／陳絜吾

出 版 者／大是文化有限公司
　　　　　臺北市 100 衡陽路 7 號 8 樓
　　　　　編輯部電話：（02）23757911
　　　　　購書相關資訊請洽：（02）23757911 分機 122
　　　　　24 小時讀者服務傳真：（02）23756999
　　　　　讀者服務 E-mail：dscsms28@gmail.com
　　　　　郵政劃撥帳號：19983366　戶名：大是文化有限公司

法律顧問／永然聯合法律事務所
香港發行／豐達出版發行有限公司 Rich Publishing & Distribution Ltd
　　　　　地址：香港柴灣永泰道 70 號柴灣工業城第 2 期 1805 室
　　　　　　　　Unit 1805, Ph. 2, Chai Wan Ind City, 70 Wing Tai Rd, Chai Wan, Hong Kong
　　　　　電話：21726513　傳真：21724355
　　　　　E-mail：cary@subseasy.com.hk

封面設計／陳螢
內頁排版／顏麟驊
印　　刷／鴻霖印刷傳媒股份有限公司

出版日期／2023 年 8 月初版
定　　價／新臺幣 390 元（缺頁或裝訂錯誤的書，請寄回更換）
I S B N／978-626-7328-29-3
電子書ISBN／9786267328262（PDF）
　　　　　9786267328279（EPUB）